政經建築觀

香港都市發展實例反思

政經建築觀

香港都市發展實例反思

羅慶鴻——著

商務印書館

政經建築觀——香港都市發展實例反思

作　　者：羅慶鴻

責任編輯：蔡耀明

封面設計：黃聖文

出　　版：商務印書館 (香港) 有限公司

　　　　　香港筲箕灣耀興道 3 號東滙廣場 8 樓

　　　　　http://www.commercialpress.com.hk

發　　行：香港聯合書刊物流有限公司

　　　　　香港新界大埔汀麗路 36 號中華商務印刷大廈 3 字樓

印　　刷：中華商務彩色印刷有限公司

　　　　　香港新界大埔汀麗路 36 號中華商務印刷大廈

版　　次：2010 年 8 月第 1 版第 1 次印刷

序一
好建築背後的種種因子

鄧文正　美國芝加哥大學政治哲學博士、禧文學社創辦人

　　第一次接觸到建築物，需要認識它，是我在彼邦上大學，念一年級上藝術史課。老教授解說古典希臘建築時的神態，猶歷歷在目。原來建築，並不只是磚瓦木石的堆砌，而是和時、地、人、目的都有關的：諸神廟就是個典型的例子。

　　回來後，認識了劉宇揚。他是哈佛建築系名師庫哈教授的中國學生，當年在中大建築系任職。有一回，我們坐在史丹頓街的街角咖啡店裏聊天。他指着對面一幢建築物給我解釋，為甚麼附近的樓房很"不相稱"。那是舊日的青年會館，頗有以前建房特色。處在那個地點，顯得有點突兀。

　　然後他告訴我，"建築"與"建屋"的區別：建是建屋，築是構築；一是物理的，一是心靈的。往日的建築系畢業生，因着種種原因，都變成了"建屋師"，只有工程力學的計算，沒有了美感人文的構思，更不必說社會文化的考慮。所以，建造商要蓋怎樣的樓房，你就去給他建屋好了；至於那能否成為"好的空間"、"好的社區"，不用操心的。建屋，為了賺錢，不是為了好的點線面。

　　所以，大學的建築系，當有數學要求，也應有美

學要求。同學要懂力學，也要懂繪圖和設計。不然的話，你只能做個建屋師，不能當個建築師。

正自慶幸我們有這樣的建築系導師，宇揚卻跑到上海，開他的建築事務所去了。

過不多久，就碰到半退休的建築師羅慶鴻。偶爾聚首，也不多談建築上的問題。他很客氣，每有文章發表，都傳一份給我。就這麼一點一滴的，我見識到他的"建築觀"對一個像我這樣的門外漢來說，那是個慢慢吸取養分的過程。怎麼知道，慶鴻要出書，更吩咐我寫序。那可為難了。我不懂建築的學問，怎可以胡亂給建築書寫序的？

都怪媒體的朋友客氣，給我送了個"民間通識之父"的外號。慶鴻說他的書也不是建築業的專書，可以編進通識類云云，一定要我來個序。恭敬不如從命。也就硬着頭皮，厚着臉皮，作好作歹不辜負友朋的好意，也好教有興趣通識教育的人知道，通識不是一本書，也不是一個科，更不只是通識科課程中的東西。最起碼，那課程就沒有介紹建築的。

我不能給讀者說，怎樣就可以從通識看建築；我倒要強調：如果你願意虛心求學，真希望自己開拓眼界，希望能在知識的汪洋中，略通一二，那麼你得好好讀讀本書中的"六個對話"。所有建築系一年級的學生，都應該看，甚至所有大學一年級的學生，都應該看。

本書談的，多屬公共政策範圍。公共政策，當然影響着建築計畫，西九與文化，就是在這個脈絡下說的。假如你問：為甚麼論建築，得在文化下來論，那你得留意作者的用心：任何好的建築，都有它背後的因子：政治、經濟、歷史、文化、社會功能等，缺一不可。這個建築觀，首尾一貫，讀者不可能錯過的。

自己偏愛的，是第三部分。把建築風格和管治佈局，用縱線連起來，還原了早期香港的風貌。我們談建築，隨便挪用"全球經驗"，好嗎？建築肌理與保育，怎樣理解？歷史建築物都是古董嗎？像"大宅"值得費巨資保留嗎？"藍屋"也是個好例子。要保存、重建、翻新⋯⋯該考量甚麼？中區警署呢？怎樣解讀它背後的"達文西的密碼"？作者提出了多個"為甚麼"，很有意思。我們觀察事物，不懂得提問，那是白廢了上天賜的眼睛和腦袋。一切好奇心，起自這個"為甚麼"。

還有。文物保育，是今天的流行術語。大家一窩蜂去"保育"。結果是所有"舊"的都不許動。隨便冠上"集體記憶"四個字，就神聖不可侵犯似的。皇后碼頭的爭論，是最好的例子。有沒有冷靜的討論過，為甚麼碼頭不可拆？不應拆？

你不必是建築師，甚或是建屋師，都能夠看得明白作者的用心。這不是一本專書，也不是一本漫畫。你要思考才能領略。

但願讀者像我一樣，能好好領略。

序二
人力與天工之間

林維峰　香港大學政治與公共行政系主任

　　建築是所有人類文明的物質載體；而管理則是所有人類文明的結構框架。羅慶鴻先生之大作《政經建築觀》正是以建築實例為切入點，縱論城市建設與城市管理的激盪、組合與融匯。本書虛實結合，形神俱備，是一本啟人心智、引人深思的佳著。

　　我在建築是門外漢，對慶鴻先生在建築方面的高見自是難讚一詞。但依我的粗淺理解，建築學是一門博大的學科，她一方面根基於嚴謹的幾何構建、精密的力學計算，向人們顯現出一張科學與理性的面龐；另一面，她又是無言的詩、立體的畫、凝固的音樂，無處不蘊含着一種鮮明的藝術氣質。而建築師的追求，正是力求在務虛與務實、外觀與內涵、藝術與科學之間，謀求一種平衡、營造一種和諧、達到一種統一。

　　我以為公共行政學所處的位置，亦有類與此。如果說政治哲學與倫理學是在站在“形而上”的高度，追問人心，探求人們究竟“應當如何”的理想構設；那麼博弈論與政治經濟學則是站在“形而下”的基石上，去理解“現實如何”，依託嚴謹的理性邏輯去分析人們的行為，了解現實中政治與行政運作的客觀規律。而公共行政學面對的問題呢，則是"如何去做"，如何在理想和現實、未來和過去、革新與傳承、推動與妥協之間找到今日之事的妥善應對，這正是公共行政管理者和學者的永恆的題目。

慶鴻先生早年負笈海外研讀建築學，又從事建築工程多年，理論與實務上都造詣頗深。觸類旁通，他對公共行政管理也有着濃厚的興趣，後又來港大專程研學，極為好學深思。他這本著作，從西九發展、市區重建、公屋政策、文物保育等城中現實熱點問題着手，卻又不囿於就事論事的簡單點評，而是力求從更高更遠處着墨，高屋建瓴、切中肯綮，為政策制定者以及所有關心城市發展的人提供了新的視角、新的啟迪，是一本有獨到見解的著作。

人們常說，建築是遺憾的藝術。以我的理解，大約是指建築師的美好理念要受制於許多現實的約束，而最後的成品又要面對眾口難調的評判，修改的空間亦不大，只能是將經驗教訓帶入下一部作品乃至付與後來人了。而公共行政又何嘗不是如此，永遠沒有最好的政策，甚至很多時候我們根本就不知道甚麼才是最好的政策。比較、試錯、總結、積澱，在現實與理想之間反覆行進，正如慶鴻先生所言，在"人力與天工之間"，也許這，正是人類行進步的寫照。

是為序。

對話一：現代建築的疑惑

時間：1979 年 7 月

地點：加拿大溫哥華英屬哥倫比亞大學建築學院

事件：入學面試

人物：Chuck Tier（建築學院主任）

Tier：我知你曾三次申請入讀本校，今年是第四次了。你
　　　為甚麼這樣堅持？

我：我對建築很有興趣，很想當個建築師。

Tier：你知道為甚麼以前三次申請都不成功？

我：嗯，不知道。

Tier：你念過心理學嗎？

我：沒有。

Tier：你對社會學有認識嗎？

我：不認識。

Tier：人類學呢？

我：不認識。

Tier：你知道建築是甚麼嗎？

我（想了一會，謹慎回答）：不知道，但我已有多年從事
　　　建築工程的經驗。

Tier：這就是你三次申請都被拒絕的主要原因。

Tier（續說）：你知道我們為甚麼要求申請人要先具備一
　　　個與建築學不相關的認可學位嗎？

我：不知道。

Tier：因為目前建築學術理念相當混亂，我們也不知道未
來的建築應該是怎樣。本學院希望學生們能利用他
們已有的學識，從多方向、多角度來探索屬於他們
自己的建築道路。

(Tier 從他身後的書架上找出兩本書，一為 Robert
Sommer 的 *Personal Space*，二為 Edward T. Hall 的 *The
Hidden Dimension*。)

我送你兩本書，你先拿回去看看。

面試畢。

結果：我再次不被取錄。

對話二：因循與創造

時間：1980 年 12 月中某凌晨（入學後第一學期）

地點：加拿大溫哥華英屬哥倫比亞大學建築學院學生工作
間

事件：學生們正在趕做設計習作，我亦在埋頭苦 "畫"

人物：John Haaf 教授

Haaf（指着我的工作枱）：這是甚麼？

我：三角板和直尺

Haaf：我知道。但這些東西和你的腦袋有甚麼關係？

我：不知道，大概沒有。

Haaf：那麼為甚麼我見到所畫的多是 90 度、45 度、30
度和 60 度角的東西？究竟你是為工具而用，還是
工具為你而用？

我：……

Haaf：你還是把這些東西扔到垃圾桶去吧。

我（腦袋突然一片空白）：……那麼該怎樣？

Haaf：問問你的鉛筆吧。

我：……鉛筆？

Haaf：唉，你還是喝點酒，喝醉了才想吧。

Haaf 離去，我仍然一片迷惘。

目　錄

序一　好建築背後的種種因子　鄧文正......................................*i*

序二　人力與天工之間　林維峰...*v*

對話一：現代建築的疑惑 ....*vii*

對話二：因循與創造 ....*ix*

前言　說好 1

第一部分　資源分配與公共建設 3

　　公共資源分配原則
　　——紅灣半島的啟示　　*4*

　　公共產品私有化
　　——大型項目私有化的認受性　　*8*

　　以民為本的分配之道
　　——公屋的不劃一租金機制　　*13*

　　政策策動三模式
　　——西九發展計畫　*17*

　　社會文化建設三元素
　　——西九未善用社會資源　　*21*

　　政治與建築息息相關
　　——西九要切合管治文化　*26*

對話三：思維無疆域...*31*

第二部分　市區重建、社區規劃與都市設計.................**33**

市區重建的二重性
——打造市區重建新文化　　*34*

市區規劃的新事與舊理
——觀塘市中心的複雜與矛盾　　*41*

全球都市網絡
——大型公共建設應以都市設計理念整合　　*46*

塑造地區風格
——香港文化與歷史建築保育　　*49*

活力文化都市四要素
——保育和都市設計沒有專家　　*56*

社區參與六要點
——香港式的社區參與　　*61*

政府角色定位
——觀塘市中心重建　　*66*

對話四：盡信書不如無書.................*72*

第三部分　歷史建築保育之道.................**75**

都市設計與歷史建築
——荷李活道警察宿舍　　*76*

三理念和兩趨向
——拆文化遺產須慎重　　*80*

有與無的空間藝術
——匪夷所思的全球經驗　　*84*

現代建築的源流
——保育之道的點滴　　*90*

獨立房子的文物意義
——大宅的保育價值　　*94*

模棱兩可的集體回憶
　　——天星事件的過猶不及　　99

文物建築三價值
　　——藍屋計畫研究不足　　104

主觀思維與客觀因素
　　——茂蘿街發展創意產業　　109

歷史語言與建築密碼
　　——中區警署建築羣　　114

保育之政經因素
　　——原地保育與覓地重建　　120

建築思想的有與無
　　——碼頭真的不可以拆嗎？　　123

歷史建築保育
　　——沒有碼頭的碼頭價更高　　129

對話五：會説話的建築.................................133

第四部分　新舊制度管治文化.................135

説瓶酒，道香江　　136

應體諒公僕稍有差錯　　140

強政須重政策三層次　　145

文官制度之專才與通才　　151

文化是甚麼？　　154

對話六：看不見的建築.................................158

後記　一個故事.................................160

前言
説　好

　　在人類社會必然是以"人"的好為最好，是謂"道不遠人"。一個好的建築也就是"以人為本"的建築了。

　　從一個點到一個面，從一扇門到一道牆，從一個空間到一個城市，從看見的到看不見的，只要是與人生活聯繫，莫不是建築學的範疇。建築與人的關係密切，因而建築物也有着人的特點，如高、矮、肥、瘦；有喜歡簡單樸素的，有崇尚奢侈華麗的；有喜歡標新立異的，也有平易近人的；有注重外表的，也有重視內涵的。建築設計因人而異，也跟他們的價值觀有所不同。人類聚居，政治隨之而誕生；不同的政治思想孕育了不同的經濟理念，繼而出現不同的社會價值觀，趨化人類文明的進程，也帶動了建築文化的演進。

　　現代建築文化植根於西方工業革命後政治經濟意識形態的轉變：科學文明漸漸替代了歷史文化，成本效益慢慢淹蓋了人文元素，生產效率催生了專業制度，經世致用只剩下了經濟實用，視覺藝術取代了美學觀念，專業知識演化為除專以外，便"通通不識"了。20世紀中葉以來，"人為經濟服務"或是"經濟為人服務"成為了文明和文化孰輕孰重不斷爭議的焦點，也帶動了建築思想上的反思，建築理論進入了經濟價值與人本價值的交匯點。到了今天，何去何從，仍是撲朔迷離。

　　本書嘗試擺脫所有現今建築學術上的"先入之見"，以"空明"的心態，單從一個"好"出發，做些理論探索，再重新從政治、經濟、歷史、文化，在市區重建、社區規劃、都市設計、歷史建築保育各範籌中去尋覓一些容易被現今專業和學術界忽略的領域。

第一部分

資源分配與公共建設

一個以民為本，以資本帶動公共資源分配的社會制度，所有政策層次都必須建立在公平、公正和公義的平台上；尚若失調，其實是政策出現失誤。

公共資源分配原則
——紅灣半島的啟示

在公共行政學上，政府的主要社會責任是要公平、公正和合乎公義的情況下去分配社會的資源和機會，特別在衣、食、住、行等基本的民生政策更為重要。土地（包括地點和環境）是公共資產，在市場出售之前，是公民的共有資產。那麼，政府在使用公共資產時需要盡量公平、公正地對社會各階層提供多樣選擇和機會，才是一個向全民負責的政府。在政策制訂方面，公共資源分配可以直接由政府或間接由市場實施，或兩者共同進行。美國經濟學家費利民（M. Friedman）在談論經濟自由和政治自由[1]時指出：

> 自由市場的操作並不是政府不干預市場，反之，社會要有一個平台讓公共利益的代表和私有利益的代表共同制訂公平的收入分配[2]政策，監理分配。

紅灣半島事件雖然在發展商決定放棄拆卸計畫後平靜下來，但該事件也帶來了一些市場和政府政策的啟示。在商言商，發展商在合法情況下，以任何經營方法謀取最大的經濟利益，並無不妥。在自由競爭市場[3]裏，若市場參與者因社會壓力而被迫

紅灣半島事件

紅灣半島是私人發展商有份參與的公共住屋項目，因為 2002 年政策改變而停售。發展商和政府經過近兩年的磋商及訴訟，發展商最後以 8.64 億買斷紅灣業權。其後宣佈清拆紅灣半島，重建為豪宅，引起社會極大爭議。最後發展商在輿論壓力下，決定放棄拆卸計畫。

放棄他們的計畫，實在是反映政府在市場政策上出現失誤。目前香港特區政府在制訂政策上仍然未能完全改變殖民政府時代的行政主導文化，更未能和現今的民主政制改革中的各種社會條件配合，才無可避免地引起社會的爭議。

土地用作居屋是浪費？

有些評論者卻認為特區政府把昂貴的土地用作居屋（居者有其屋）用途是浪費，是政策失誤，主要的是他們只單從微觀經濟 [4] 的角度去理解，缺乏從政治學的理念去考慮社會公平的問題。試想，同樣是公共資產的空氣，一個對公民負責的政府是不是可以把空氣質

被認為是浪費土地資源的紅灣半島居屋項目。

量分成等級，分別分配給不同質量的社會階層？這是公平的問題。

在殖民年代的土地政策，除了新界小部分原居民因歷史和政治原因擁有地權外，土地所有權均屬於政府，私人用地只是向政府購入年期的土地使用權[5]（在現今社會裏，全球也只有如以色列、阿姆斯特丹、坎培拉和斯德哥爾摩等少數地區因不同的政治和經濟原因採用土地使用權政策外，民主體制地區的土地分配大多是私有地權[6]），於是本來是公共資源的土地便成為政府的商業產品了。那麼，"優質"土地便自然是分配給社會上的"優質"階層了，這是殖民歷史積習下來之公共資源分配的文化意識罷了。

一個重視公平分配公共資源的社會，無論是在以資本帶動或是從社會公義去構建，都必然關係着一系列相應的公共政策。紅灣半島事件反映以往一直被香港特區政府認為行之有效的土地、城市規劃、房屋、市場分配甚至市區重建等政策其實都存在不公平的元素。以往的分配文化，有重新檢討的必要。

關鍵詞釋義

1. **經濟自由和政治自由**（economic freedom and political freedom）：政治經濟學者指出自由存在着個人選擇（freedom to）和別人給予（freedom from）的二重性。在政治和經濟行為中，兩者關係不應被分割；因而，政治體制上的改革，經濟自由理念必須同步轉變，這需要公共政策來配合。（參看積極不干預政策 [124]、自由市場 [86]）

2. **收入分配**（distribution of income）：指社會上各階層每年除稅後的平均收入分佈與百分比。（參看標籤效應 [12]、社會資源 [25]）

3. **自由競爭市場**（free competitive market）：或稱完美競爭市場（perfect competitive market），指市場在產品訊息完全公開、公平、公正的平台上，由大量買家和賣家自由地選擇和訂定交易條件。（參看自由市場 [86]）

4. **微觀經濟**（mirco-economics）：涉及消費者的行為和市場的供求關係，是如何以最少的成本，爭取最大的市場，達到最大的經濟利益之學問。（參看自由市場 [86]、功利主義 [30]）

5. **土地使用權**（leasehold）：土地買賣只能以地塊面上的使用年限作交易，買者不會獲得地塊的擁有權。

6. **私有地權**（freehold）：土地交易中，地權可以轉換，買者可以獲得地塊的永久擁有權。

公共產品私有化
——大型項目私有化的認受性

近代公共資產和公共服務，由官營（政府經營）轉為民營（市場經營）始於 1970 年代的英國，當時的首相戴卓爾夫人（M. Thatcher）為了改革戰後以來不斷膨脹的政府架構和公共支出，挽救面臨崩潰的經濟而推出的政策。該政策對英國社會影響深遠，至今仍亦極具爭議：前國會議員賓特（Tony Benn）認為私有化的工業、醫療、教育，以及社會保障都造成極大的傷害，現任首相白高敦（Gordon Brown）批評這計畫未能平衡政府與市場之間，因社會上各種矛盾而產生今日的各種社會問題。例如：政府的責任是公平、公正地使用公共資源，為社會帶來整體效益，市場承辦者的目標是爭取最大的個體經濟利潤，兩者目的南轅北轍。在私有化過程中，政府不易掌控承辦者對勞工的不公平待遇，造成勞資矛盾，社會最終也受到影響。美國《紐約時報》更以英國及智利為例，明確指出私有化是造成該些國家的中下勞動階層越來越貧窮的主因。

西漢漢昭帝始元六年（公元前 81 年），也曾因政府的財政問題，在官營和民營之間，從經濟、政治到社會效益和市場經濟的關係作廣泛辯論：支持官營的大夫指出公共產品官營，不但可以"輕重御民、上下俱足，更可以積以備乏絕、流有餘而調不足"（平衡市場供需關係），同時也可以抑制因"私威積而逆節"（市場壟斷）對社會造成的傷害；賢良、文學卻認為官營會使"國家衰耗、城郭空虛"（財政困難）而"百姓困之"（眾人貧窮），但民營則可以因市場競爭而使"父子戮力"、"務為善器"（提高生產效率和質量）《桓寬：鹽鐵論》，雙方激烈辯證後，發覺公共產品由官營或民營都各有利弊，故當時政府並沒有因經濟問題而積極把官營改為民營。

雖然上述例子和今日的政治和經濟環境不盡相同，但也反映出公共產品生產和供應私有化在古今中外都不是有利無弊或有弊無利的那麼簡單的。

私有化政策的認受性

無論是紅灣半島售予私人發展、西九文娛藝術區項目招標或是領匯上市，都是把公共資產以私有資產方式從官營轉為民營，是公共資產私有化的不同模式。

按前殖民政府時代訂定下來的法理，紅灣半島的用地權、領匯上市的業權均為房屋委員會擁有，西九龍文娛藝術發展區的地權則屬於政府；所以，無論房屋委員會或是政府都有獨立處理其資產和財政的權力，他們都可以和發展商以雙方滿意的模式交易，在殖民政府的行政主導年代是順理成章的事。可是，自香港特區政府以來，民意越來越受重視的情況下，若公共資產私有化的政策仍建立在以往一貫的法理上，能否和目前及未來的社會政治經濟環境切合呢？

目前特區政府仍沿用前政府訂立下來的行政架構和法理，因此，政府和政府的法定組織之公共資產便可以合法地不經立法會通過而由官營轉為民營了。在積習已久的官意帶着民意走的行政主導文化影響下，沒有認真地諮詢民意，客觀在響應社會的要求，便容易被認為是黑箱作業和官商勾結，嚴重影響到公民對項目私有化政策的認受性。

大型項目需深思熟慮

按目前特區政府的經濟狀況，為了平衡財政預算，節省公共支出，把公共產品交由經濟效率較高的市場來生產或經營都是無可厚非的，但應以短期政策用於對較小和短暫的項目較為適宜，在大型項目和對社會有深遠影響的項目便需要深思熟慮。

此外，政府對已實施的土地政策評估不足，紅灣半島更是一個典型的例子：香港的地產泡沫在特區政府推動了"八萬五房屋政策"[7]後便開始被冷卻。政府統計處資料顯示，由 1997 年 7 月至同年 10 月金融風暴襲擊期間，樓價下滑了 20%，其後至 2002 年 11 月政府採取穩定樓宇價格措施（包括了停建和停賣居屋計畫），其間樓價一共下滑了 65%。

2003 年 4 月熱錢開始流入香港，樓宇價格也開始穩定，更在與內地的更緊密經貿關係安排（CEPA）於 2004 年 1 月生效後，樓價更重返上升軌跡。那麼，近年的房地產價格嚴重下滑的現象是特區政府實施"八萬五"的原因，是金融風暴的影響，是高地價政策[8]，是寡頭壟斷[9]的市場結構，是高通漲、低利率，是社會保障（例如退休金制度）不足，公民需買樓保值，是長期累積的房屋政策失誤或是市場失靈？[10]當中有相當複雜並且相互影響的政治和經濟因素，不容易說清楚。

根本問題未解決

問題是，多年累積下來的房屋問題需要解決，市場內潛伏着的樓價泡沫因素需要消除，才可以長期地改善社會的整體經濟效率，使社會資源更有效率地公平分配，特區經濟在外來政治經濟衝擊下仍能保持穩定。在政府沒有充分全面評估

> **更緊密經貿關係安排（CEPA）**
> CEPA 是中國內地與香港簽訂的首項自由貿易協議，CEPA 為香港產品及服務開拓龐大市場，加強內地與香港兩地之間已建立的緊密經濟合作和融合。

近年地產市場下滑的原因之前，卻急於為了舒緩房屋委員會的經濟壓力，把紅灣半島售與私人發展，主動地把公共資產投入市場，這是行政上的失誤，也是政府政策制訂者要認真考慮的問題。

總而言之，紅灣半島、西九龍項目和領匯上市事件，都反映出目前特區政府的管治架構在公共資產私有化在政策制訂、實施和評估都有不足之處，管治方面仍遺留着殖民政府年代的行政文化。在一國兩制，民意越來越開放的政治環境下，政府推出私有化項目前，必須爭取公民的認受性，認真地諮詢民意，充分全面評估後，客觀地響應社會的要求，更應成立有民間參與策劃和監管的機制，才能保障公共項目為社會帶來最佳的成果。

關鍵詞釋義

7. **八萬五房屋政策**：香港特區政府於 1997 年實施的 10 年建屋政策，計畫每年由政府及市場合共供應八萬五千個居住單位。

8. **高地價政策**：由於政治和經濟原因，政府通過土地買賣和行政措施，從交易中獲取大量資金以彌補稅收不足的公共政策。（參看低直接稅 [47]）

9. **寡頭壟斷**（oligopoly）：亦稱小數賣家壟斷，指市場的大部分供應由少量賣家操控，消費者的選擇機會不足。（參看市場失靈 [10]）

10. **市場失靈**（market failure）：由於消費者和供應者的行為未能在市場上公平競爭，導致買賣雙方的交易利益失衡。（參看寡頭壟斷 [9]）

以民為本的分配之道
——公屋的不劃一租金機制

公共資源無論由政府直接官營或間接通過民營的市場來分配，都應該在公平的理念框架內進行，才能達至最大的社會效益和經濟效率。公共政策學者威瑪和唯靈（Weimer & Vining）指出，社會和諧與人類的尊嚴都是建基於公平理念：一個不會妨礙他人而獲取資源和機會的社會機制。另一位學者，胡夫（C. Wolf Jr.）更強調公平理念有着橫向和垂直的二重性：橫向公平指平等待人和把人安置在對等的位置上，意思是分配的方法是一視同仁、平均所得；垂直公平的理念是在不對等的情況下，把人安置在適當的不對等位置，例如多勞多得、多付多取等。再者，經濟學者也指出公平的社會應要配備一個公平的市場機制，那就是容許參與者（資源分配者）有足夠的選擇和自由進出市場的機會。

此外，一個以民為本的社會，任何新的分配政策制訂，必先要從社會的"公義"與"公理"開始，成功的關鍵不是任何高明的推銷手段，更不是選擇性或策略性的諮詢模式，而是新政策比原政策讓市民有更多參與和選擇的機會，其次是讓公民認識"義"、"理"對社會的重要性，其三是政策制訂能否按客觀因素與公民共識一致。

減低房屋資源分配不公的矛盾

香港在殖民地政府管治年代，公共房屋供應都是以減少社會矛盾、穩定社會秩序為主要政策目標。如公共房屋供應起源於解決 1950 年代的難民潮和兩次大火災（石硤尾和大坑東）帶來的社會秩序混亂，1970 年代的"十年房屋"（TYHP）和"居者有其屋"（HOS）計畫也是為了減低 1960 年代社會動盪潛在的隱憂，對殖民管治構成威脅而設；明顯地，港英政府的房屋政策都不是以公平理念為目的。至 1980 年代香港經濟因內地政經改革而得益，社會壓力減少，這些計畫和政策便沒有充分貫徹；影響所及，除少部分中等收入家庭能夠節衣縮食，犧牲應有的生活素質者外，一般因高地價影響而沒法進入民營市場的中低收入家庭之居住問題，並沒有充分解決；據 1997 年回歸前的統計，就算符合進入公營房屋市場門檻的家庭，平均也要輪候七年才能獲得分配。回歸前（1996 年 9 月至 1997 年 7 月期間），瘋狂上漲的房地產價格把不公平的房地產資源分配現象推至高峰。為了減低房屋資源分配不公的矛盾，特區政府推出"八萬五"十年房屋計畫，比港英政府在 1994 年的寓禁於減少市場供應（限制預賣樓花）和徵收高交易稅更有效率。"八萬五"增加市場（官營和民營）供應和選擇機會，為過熱的房地產價格降溫。

不幸的是，同年 10 月香港特別行政區受到亞洲金融風暴衝擊，出現股票市場崩潰、房地產價格急劇下降、通貨緊縮（有經濟學者指出，通縮其實也可以帶來調整社會資源公平分配的機會）、負資產 [11] 和經濟前景不明朗的各種負面社會現象，不明就裏或研究不深的專家、學者、社會人士、地產商等過分簡單、以偏概全地把這些社會不如意現象都諉過於"八萬五"這個較符合公平理念的房地產資源分配政策。試想是否沒有"八萬五"，金融風暴就不會令股票市場崩潰、房地產價格就不會急劇下滑嗎？事實上，據政府統計署資源顯示，1997年房地產價格由最高峰的7月至10月金融風暴的三個月期間下降了20%，比較1994年之打擊炒賣活動由6月至9月（同樣是3個月）下降幅度27.5%溫和。奇怪的是，相同的現象，社會的聲音在前港英政府和現特區政府的年代各有不同，導致該政策不幸胎死腹中。

減少政策限制

由"八萬五"產生的社會現象到今天房委會計畫中的租金"不劃一機制"的爭議，可見任何社會政策變動或改革都容易受到原政策得益者的反對，若不妥善處理，新政策就算僥倖獲立法會通過，在實施期間若受到不可預見的變化影響，主政者也容易成為原得益者攻擊的對象；再加上短視政客為選票而推波助瀾，影響公民對政府管治的信心，增加改革的困難。原房委會之"同一租金"以抽籤形式分配不同單位（如高低層、方位、景觀等）的方法，雖然符合橫向公平的原則，卻缺乏垂直公平的義理；新建議在原基礎上引入"不劃一租金機制"應該是更符合公平理念的二重性，那為甚麼會引來公屋貧富等級化的標籤效應[12]的爭議？我認為，問題產生在公營房屋市場由政府壟斷，進入和退出，以致單位選擇和分配都受到政策上的限制。要改善這個情況，除了在原基礎上引入不劃一機制外，也要加上容易自由進入、退出和選擇的機制。

重新評估"八萬五"

前港英政府的公共政策制訂並沒有把公平理念放在"殖民利益"之上，因此，公共政策大多遺留"不公平"的因素。回歸後，"港人治港"提供了特區政府重新整理公平理念的機會，要掌握這個機會，便先要改變以往遺留下來的行政文化，例如以主觀思維先制訂政策後再作所謂的"廣泛諮詢"至"硬銷"政府理念等，引起社會劇烈爭議後再作處理。在目前"通才"領導的文官體制和社會狀態，相信要徹底改變這種行政文化並不容易。但無論如何，以目前的公共房屋租金政策而言，要達到更公平的分配，不但要在原基礎中加上"不劃一"租金計畫，還要引入進入、退出、轉換、選擇自由的機制；長期政策應要按實際社會需要重新評估前"八萬五"的公共資源分配理念。以民為本、以義理得心、當仁不讓、擇善固執，把公共政策都建築在公平理念的平台上，那是管理眾人之事最基本的工作。

關鍵詞釋義　11. **負資產**（negative assets）：喻資產價格抵償不了債務，例如一項被用在抵押保證而取得貸款，但市值比尚未清還的本金現值還低的資產。

12. **標籤效應**（Labelling）：是社會學、教育心理學、政治學的名詞，指一個人、一個組織、一個地區給上標籤之後所產生的效應，例如：新移民、左派、外省人。（參看收入分配[2]）

政策策動三模式
——西九發展計畫

　　公共政策可概括為合理策劃、循序漸進和摸着石頭過河三個模式。

　　(i) 合理策劃 [13]：政策制訂者需要充分掌握社會所有的資源、政策執行期間的預期效應和效果。這樣，政策制訂便需要對政策（項目）有豐富的認識，或是借用外來的經驗，例如參考他人相若的政策，或聘請專家、顧問作發展可行性研究，估算日後發展變化的或然性；這模式的好處是政策制訂者可以在政策執行前便能掌握項目的程序，有計畫地分配資料和責任；缺點是不可預見的或然變化隨着時間而增加，項目的生命力和持續能力會因此而漸漸減退，日後修改困難，所以該模式用於較簡單、一次過或是短期和複雜性不高的項目比較適宜。

　　(ii) 循序漸進：為了減少長時間帶來的風險，政府政策制訂可採用循序漸進模式 [14]，先決條件是新政策要立基於原有的政策狀態；這模式的優點是把長期政策目標分割為短期政策，這樣變化的或然率較低，風險也較少，政府每年的財政預算制訂是最佳的例子；缺點是沒有原來的政策基礎便不易實施，政策制訂者不能預知最終成果。

　　(iii) 摸着石頭過河 [15]：在經驗不足，或是對日後社會變化（包括資源、需求和經濟等）難於估算的複雜情況下，摸着石頭過河是制訂重要和長期政策最穩妥的模式。政策制訂者以綜合社會意見來制訂政策目標，政策制訂不但要循序漸進，同時在漸進過程中不斷吸進新知識，認識和檢討前經驗，然後才訂定下一步的政策。這模式的優點是把政策不能預見的短期和長期的或然性和風險都減到最低，也是最具彈性、適應能力最強的模式，缺點只不過是政策制訂者不容易評估政策的最終成績罷了。但是，只要政策目的清晰，過程中，就算方向需要按實際環境不斷調整，也可以減少公民對政策的疑慮，增加他們對政府管治的信心。

西九發展計畫

在公營與民營的利益矛盾還沒有完善處理的情況下，香港社會各界對年前政府再推出的西九文娛藝術區（西九）發展計畫，交予市場經營的新方案意見仍然分歧，有說新方案仍具原方案的單一招標、三選一影子、換湯不換藥，只不過是"餅"小了；有指出新方案基本是前方案再加上分拆競投，增加了項目的程序和複雜性，擔心會拖延項目的進展；有評論認為中標者一次過支付 300 億予西九信託基金，卻免除了日後對項目風險的承擔責任，反而對中標者更為有利；有認為這方案把西九管理局成立在選定了中標財團之後是先開枱、點定菜色、後請客，而客人卻要負責"宴會"的質與量，並要承擔一切的後果；有懷疑預設的發展規劃不切實際，指出文娛設施與商業部分都應要和日後的社會需要、市場能力及經濟環境掛鈎，預設的規劃僵化了這些彈性。

西九不單是建築項目，也是社會建設的公共項目。香港特區政府強調所有公共政策制訂是以民為本，那麼，就不妨從這個角度去重新探討西九的問題。

明顯地，西九的原方案是採用了理性策劃模式，社會各界對方案大部分的關係和爭議都因項目的短期和長期的不可預見或然變化（包括項目質量、活動功能、經濟利益、社會效益、財務安排和各方責任等）引發的疑惑；新方案並沒有效地減少這些憂慮。雖然 "西九" 初期曾以西班牙畢爾包之規劃為範式，但畢爾包的重建計畫是採取類似摸着石頭過河的循序漸進模式；在計畫之前，先由政府和民間組織了 MP-30 會（Metropoli-30 Association），職責是：1. 凝聚社會力量，發展政府與民間在項目的互依關係；2. 組織社會網絡 [16]，建立社會共識；3. 勾劃發展遠景和訂定長、短期發展藍圖和策略等。畢爾包重建計畫始於 1990 年代初，目前的發展藍圖是綜合了多年的經驗後，於 1999 年才訂定，這些都和以理性策劃的西九項目並不相同。

13. **合理策劃模式**（Rational Actor Model）：亦稱合理整體規劃或總體發展方案，公共行政學及建築學用詞。以客觀的態度，通過資料搜集、分折、研究，審視計畫可行性，從而作出全面實施以符合主觀目的之方案。可是，任何主觀的規劃必須有其有限理性，難於預測未來的變化。（參看建築師是上帝 [40]、限理性 [53]、規劃秩序 [56]）

14. **循序漸進模式**（Incrementalism）：公共行政學用詞，與建築學有機成長一詞意義相若。指策略制訂模式，在不可預見的情況下，計畫按最近的過去經驗（status-quo）分期推算。（參看有機成長 [21]、有機秩序 [55]）

15. **摸着石頭過河**（Muddling Through）：公共行政學用詞。政策制訂模式和循序漸進相若，但在不明前景、缺乏方向的情況下，先穩妥了一步的工作才考慮下一步的安排。（參看循序漸進模式 [14]、有機成長 [21]、有機秩序 [55]、自然選擇 [68]）

16. **社會網絡**（social network）：指社會上各行動單元。由於不同的因素凝聚成各種不同的組織，各組織又因要達到某些目的而需要與其他組織連結成為一個互相依賴的關係網絡。（參看社會凝聚力 [17]、平等網絡 [18]、社會能力 [19]、社會資本 [20]）

社會文化建設三元素
——西九未善用社會資源

社會元素包括社會資本、社會能力和社會凝聚力[17]。

(i) **社會資本**：社會上不同層次的社會網絡如政府與非政府組織（NGO）、社會組織，以至私人企業等，都是可以為政策和項目發展作貢獻的個體和團體。在建設網絡關係方面，社會學者都一致指出，平等網絡[18]可以優化項目的質量和效率，促進各階層網絡的凝聚力和互信；反之，若網絡組織偏重於某些組織或在設定的目標下以官僚行為推動，則只會造成沉重的社會負擔。社會學者高文（*James Coleman*）認為，社會資本[20]的意義和公共資產相同，社會項目發展由市場主導會令社會資本的社會能力[19]減退。福山（*Francis Fukuyama*）更指出社會資本若由一些選定的個體或組織參與，則容易形成特權利益而罔顧社會效益，造成社會分化、猜疑、敵對，甚至仇恨等社會矛盾。

(ii) **社會能力**：國際政治學者史洛德（*Richard A. Slaughter*）在談論學習未來時指出，現代很多政客和執政者為了本身政治利益，往往急於求成，偏重短期效益；因此，很多政策制訂和推廣都建基於一系列不可靠的假設而忽視培育長期的社會能力。他認為培育社會各網絡層次的能力，增加他們的溝通和合作機會與建立社會資本網絡同樣重要。

（iii）**社會凝聚力**：成功的社會政策是需要凝聚社會資本和社會能力來推動的，光靠顧問和諮詢方式來建立社會凝聚力是不足夠的，更有效的是直接讓不同的社會資本網絡在社會政策上建立共同的信念，給予他們一同參與貢獻社會的機會。在這個理念下，社會學者都一致認為社會政策建基於精神原則如道德、正義、公平、法治精神等比物質考慮如生產效率、經濟效率等更為重要。2003 年英聯邦的國家精神研討會（*National Spiritual Assembly 2003*）報告指出："社會凝聚力建立於共同信念，是社會的寶貴財富，跟科技和經濟建設有相同的社會意義。"這說明社會凝聚力的重要性。所以，社會政策只選擇性地供一些特定社會階層參與，對建立社會凝聚力沒有好處。

西九未善用社會元素

高等法院拒絕將藝術發展局納入負責挑選西九龍文娛藝術發展區（西九）的入圍發展商的評審委員會申請司法覆核，理由是西九並非單純文化項目，當中牽涉商業、住宅及基建等，法官更指出法庭的工作是決定政府的政策是否合法，而非政策是否可行及有效益，認為政府在程序上並沒有出錯，故拒絕發出司法覆核許可證。這樣看來，法庭的裁決當然依法有據。問題是，這次拒發裁決反映着一直以來被認為行之有效的管治之法和以民為本的管治之道，仍存在着未能整合的矛盾。

西九與公民息息相關

　　西九的主政機關在項目發展報告開宗明義指出，該項目發展要依據以人為本、民間主導的原則，可是在項目計畫過程中，從聘請顧問研究、招標方式、發展計畫評審、訂定項目內容，到與私人企業建立夥伴關係的條件，以至規劃方案三選一、諮詢方式等，都是在主政機關自編自導下進行。這樣的施政文化在英人治港年代當然是行之有效，卻和現今港人治港理念格格不入。這是甚麼緣故？是不是因為沒有了西九，沒有私人企業參與，香港的文娛藝術就不能達至“世界水平”？是不是沒有整體發展方案和單一招標，就不能行之有效？或是主政機關對現時所謂“小政府、大市場”的“新公共行政”理念消化不良？西九不單是一個文娛藝術的建築項目，也是一個與全港公民息息相關的社會項目。但是，香港要成為一個有地區特色而又能達至世界水平的文娛藝術城市，就不應依靠單一項目來主導，更重要的是要制訂一個清晰、可持續發展的長期文藝政策，以及滿足現社會需要的短期政策措施。同時，政策要能夠有效地以民間主導來達到社會目的。

　　以香港而言，建設文化藝術發展政策的社會能力應包括培育文藝創作、行政管理、市場拓展等人材，同時也應重新檢討公共和民間現存的所有文化藝術、康樂設施，按長遠發展策略重新釐定、建設和優化他們的組織和網絡互依關係。

　　有地區風格的文化和藝術（包括建築）都不是從進口可以獲得的，它們的成長都是要經過漸進演變和不斷地與社會有機成長[21]的過程，需要建基在一個清晰、透明、可持續發展而又隱藏着變數的長期政策。善用社會資本，建立社會能力和社會凝聚力，都不是單一發展、理性完整規劃，或任何形式、程度的諮詢便可以達到目的的。

推倒重來不無道理

回歸前的管治文化從來都不重視建設社會凝聚力，相反地，卻以分化商界、中產及勞動階層等社會力量，和宣揚法治精神（特別在 1920 年代和 60 年代社會動亂之後）作為穩定社會秩序、鞏固統治權力的手段。其次，也不重視建設社會資本，社會政策制訂不是聘用國外專家研究，便是由政府主導，"諮詢"不過是當年殖民政府駕馭社會矛盾的管治之"術"罷了。

文化藝術、娛樂建設和香港經濟民生都息息相關，西九更是公民的共有資產；所以，無論短期措施或長期政策都應以社會效益為最終發展目標。除了政策不應以單體項目的發展條件來規劃外，項目發展更不應該以微觀經濟理念，或以爭取經濟利益為理由，把涉及龐大商業利益的社會項目之發展權和規劃以私有化的方式交與私人企業或寡頭壟斷的市場，為日後政策發展帶來不明朗的因素。

就算主政機關認為與私人企業建立夥伴關係是令項目能夠達到最大社會效益的唯一方法，也應該採用福利經濟[22]理念，那就是在政府促進、民間主導下，社會效益和企業利潤都達到平衡的巴里圖[23]效率，這更加需要社會各網絡階層直接參與項目開發。

17. **社會凝聚力**（social cohesion）：社會科學用詞。指社會網絡同所有單元黏附起來的力量。（參看社會能力 [19]、社會資本 [20]）

18. **平等網絡**（horizontal network）：意思是社會網絡內所有單元都在同等的位置上。（參看橫向統籌 [34]）

19. **社會能力**（social capability）：社會科學用詞。本書指社會網絡中所有單元因一些共同元素（例如：信仰、習慣、價值觀等）黏附一起而產生的力量。（參看社會網絡 [16]）

20. **社會資本**（social capital）：社會科學用詞。指社會上各行動單元能夠在網絡中與其他單元共同發揮作用的綜合力量。（參看成果互依關係 [51]、社會能力 [19]）

21. **有機成長**（organic growth）：事物的演變是從原事物的肌理逐小成長出來，待適應了客觀的環境後，原來的習慣才又長成更新的事物。（參看有機秩序 [55]、零碎式成長 [57]）

22. **福利經濟**（welfare economics）：經濟學者認為人們都會知道和爭取他們最大的福利。在經濟行為中，若甲方得益，乙方也同樣得益或不受損，才能產生最高的經濟效率和最大的社會效益。

23. **巴里圖效率**（Pareto-efficiency）：即經濟效率。

政治與建築息息相關
——西九要切合管治文化

　　從歷史的角度，無論古今中外，建築與政治和經濟的關係都是沒有分割的。例如中國傳統的建築，早在兩千多年前已規範於"禮"的文獻《周禮：考工記》裏，"禮"是政治制度，是訂定社會秩序標準的軟件，合乎"禮"的建築規劃便是政治制度的硬件了。近代的

西九地塊，背景
為香港島。●

例子如美國公共建築採用"希臘－羅馬（Greco-Roman）的建築風格"來反映它們的政治哲學觀；英國在 19 世紀的花園城市和城市功能分區 [24] 概念是在工業革命後，為了解決中產和勞工階級因當時政治和經濟的改變帶來的社會矛盾而產生。所以，沒有政治，便沒有花園城市，更沒有我們今日的城市功能分區概念，這反映着每個時代的建築和規劃都按着不同地區的政治理念和社會要求而改變。

西九要切合管治文化

西九龍文娛藝術發展區（西九）發展引起香港公民熱烈關注，各界人士亦對這項目紛紛發表意見，這些意見無論從建築設計、規劃、技術、文化、藝術和經濟等角度，或從招標、監理等範疇，大都很有見地，反映今天香港公民的政治和公共事務的意識，比殖民政府時代更加成熟；然而，有些意見卻認為這項目不應太政治化，這是由於建議者對政治和建築（包括城市規劃、都市設計等一切與人類生活環境相關的學問）相互關係認識不足之故。事實上，政治與建築無論在社會任何轉變中，都息息相關。

香港殖民地時代的建築規劃當然也反映着殖民地政府制度下的政治理念了。那麼，現在香港特區政府的管治理念已很明確地在《基本法》的第 68 條說明，那就是"以民為本"的政治體制。"政"是政策，"治"就是治理眾人之事，所以政治就是管理眾人之事的方法。民主政治的主要目標便是政府要在以人民為本的前提下，以公平、公正及公義的原則，有效率地分配社會資源 [25] 和

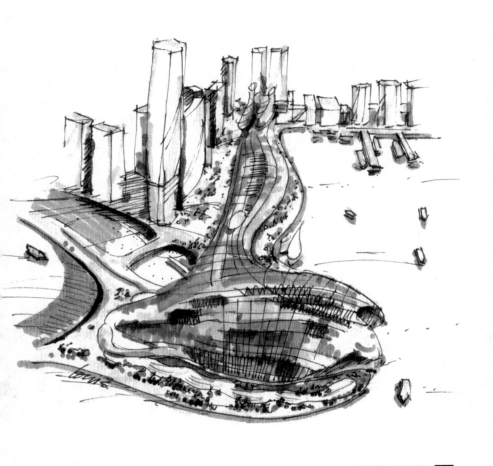

機會。制度（包括立法、司法和行政組織和選舉方式）
只是在實現這個目的的方式，脫離這些原則，便不能稱
為真正的民主政治的精神。

因應環境變化切合未來需要

　　香港建築和城市規劃在前殖民地政府的政治制度和管治理念下，土地所有權均屬於政府，公共土地是"官地"（Crown land），除新界少部分因歷史和政治原因外，私人用地只是向政府購入年期的使用權，大部分民主體制地區多是以私有產權分配。主權回歸"官地"雖易名"政府地"（Government land），但產權政策並未改變，政府自然可以在社會利益的理由下擁有控制和使用土地的一切權利。回歸後，香港已不是"借（租）來之地"，殖民政府的建築規劃和土地政策是不是仍然適合我們日後民主政治的模式呢？西九的發展是不是仍循着政府是土地的單獨擁有者而按着它的主觀理念而規劃呢？在民有、民治和民享[26]的民主政治理念下，若公共土地所有權是屬於全港公民，那麼，西九這塊土地又應該怎樣規劃呢？這些都是很基本而又很重要的政治和經濟概念問題。

　　西九的地點位於香港和九龍市區的心臟地帶，它的發展價值直接和間接都和香港公民有着密切的關係，在考慮發展規劃的社會意義[27]應否比項目經濟價值更為重要。西九項目需要耗用龐大的社會資源，它的重要性最少也影響着今後數十年的社會效益。因此，用整體發展方案去推算日後的政治、經濟和社會環境（包括境外）變化和用理性策劃模式去制訂發展策略，實在都不可靠。亦由於這個原因，項目規劃應要保留一定的彈性來適應日後如因社會和鄰近地區帶來政治、經濟和社會環境的各種變化，切合未來的需要，這需要公民不斷的參與，政府與社會之間通力合作。所以，單一招標無可避免地限制了這些彈性。

不能單憑口號一蹴而就

管理好眾人之事不是單憑甚麼"直選"、"普選"或甚麼"還政於民"的口號便可一蹴而就，成熟的政體要有能為眾人謀取最大福利的行政架構和相對法律制度配合才可進行。"一個良好民主社會的法律應是依情、依理、依公民和國家之最大利益綜合而成的產品"（《資治通鑑》孫觀漢，柏楊版）。目前的管治架構仍未能徹底脫離殖民政府的管理文化，法律大部分仍是沿用殖民年代法律。把原有百多年積習的殖民管治理念、法律和文化改變為真正以眾人為本的政治體制，是既艱苦而又漫長的任務。但無論如何，西九項目正好為特區政府提供一個管理好眾人之事和建設好眾人之事的實踐機會。

關鍵詞釋義

24. **城市功能分區**：建築學用詞。在城市規劃中按不同的社會功能把土地分割為若干部分，例如：居住、商業、工業、軍事等用途。

25. **社會資源**：包括公有和私有的財物和人力等。（參看收入分配 [2]）

26. **民有、民治、民享**：政治學用詞。意思是國家是人民共有，政治是由人民共管，利益是由人民共同享用。

27. **社會意義**：對社會生活方式、信仰、秩序、凝聚力、身份認同（眾人身份）等都有重大作用的意思。

對話三：思維無疆域

時間：1980 年 9 月中旬某天下午

地點：英屬哥倫比亞大學建築學院學生工作間

事件：我入學後首個設計習作

人物：Ronald Walkey 教授

下午 2:00 正，Ron 走進工作室，在黑板上寫了 7 個大家都認識的字，但組合起來卻不知道是甚麼意思的句子，然後告訴我們這是習作的題目，翌日下午 2 時前完成。隨後離去。

Ron 離去後，同學們有些高談闊論，有些竊竊私語、不知所措，更多的是一片迷惘。下午大約 5 時，Ron 再入工作室。

我：教授，黑板上的習作題目是甚麼意思？

Ron：你入學是通過英語水平考核的，應該知道每個字的意思，若真的不識，問問字典吧。（Ron 離去）

工作間再次鴉雀無聲，突然聽到"哇"的一聲，一個女同學哭了起來。

後記：後來知道該女同學於第二天退學。

第二部分

市區重建、社區規劃與都市設計

市區是眾人聚居的硬件，是社區的組合體。重建必然涉及眾人的事，包括他們的各種社區關係及地區的傳統、歷史和文化。

市區重建的二重性
──打造市區重建新文化

新灣仔街市其實是
地產發展項目。圖
中為新街市入口，
遠處為計畫改建的
舊街市。🔱

　　市區重建包含着市區規劃和都市設計兩個概念。
市區規劃是指在城市規劃的總綱下，分區內的細部規
劃以服從居民生活習慣、改善經濟民生、促進經濟活

動來策劃；因此，沒有區內居民（或代表）參與的市區規劃，不容易切合社區的真正需要。都市設計的主要理念是塑造地區風格，這包括了優化生活環境、創造空間的特色、協調建築物和環境的關係、保育歷史文物和文物建築 [28] 的再使用等；成功的都市設計應配備一套因 "區" 制宜的守則，為區內所有的發展項目作設計指引，否則市區環境會雜亂無章，地區風格也只能淪為空談。市區規劃與室內裝修如佈局、功能、設施等相若，這方面沒有人比使用者更清楚自己的需要。都市設計與裝修的設計風格、藝術加工等類同，可由使者及設計者共同參與。

打造市區重建新文化

市區更新、樓宇復修、文物保育及活化舊區，是香港市區重建局（市建局）開宗明義的四大政策目標，明顯地反映該局的職責是為了改善舊區生活環境，促進市區新陳代謝和提升社區活動能力，發掘區內經濟潛能。雖然市建局的工作均與房地產項目有關，但和地產發展商不同，市建局是以整個社會利益為建設目的的公共或半公共機構；因此，它的工作對社會應該是有利而無害，但為甚麼市建局所策劃的項目大多引起地區爭議？關鍵是重建項目未能平衡在商業利潤和社會效益之間產生的矛盾，因而引致市建局和社會之間相互信任不足之故，根源是未能擺脫香港 1997 年主權回歸前土地發展公司（土發）的影響。

土發遺下的商業影響

市建局自繼承前土發公司的任務後，也承接了後者未完成的工作。在後者主政時期，這些項目多與地產商為合作夥伴，以商業手法策劃，就算現市建局不以盈利為目的，但前土發公司已把開發權交予發展商，難道地產商會把它視為社會公益項目嗎？由於商業參與，項目的財務計畫和會計方式都未能向社會公開，容易引起公民誤會政府以舊區重建為藉口，通過市建局以不合理的條件來強收私人資產，及以房地產開發謀利，甚至為了爭取和地產商合作，把公民應有的權益輸送與地產發展商。

其次，市建局和其合作夥伴城市規劃部門都缺乏市區規劃和都市設計概念。旺角朗豪坊和灣仔新街市便是兩個失敗的例子。

其三是未能善用文物建築的真正價值。文物保育價值的標準是由康樂及文化事務署轄下的古物古蹟辦事處來評定，但是它們的再使用策劃卻是由市建局來處理，兩者各自為政，各擁不同資源，亦各具權責範圍。沒有明確設計指引，文物建築的真正價值和它們"再使用"的社會意義都難於整合。

要整頓土發公司遺留下來的問題，首先要調整項目發展模式。既然市建局的職責有着社會企業[29]的影子，那麼，當局可否改變以往土發公司以功利主義[30]為主導策劃的模式而採用平衡社會各方利益的公共行政理念，或是一方得益則最低限度也不能令他方受損的福利經濟方法。為了把公共資源（土地、物業、公帑等）更有效率地使用和避免社會對利益輸送的疑慮，市建局更應該改變一貫以地產商為合作對象的習慣，應按項目的客觀條件，彈性採用各種不同的發展模式：例如為需要徵收土地（物業）的項目成立獨立而不牟利的發展公司，在保障原業權人的最低權益下，以現金（或部分現金）、可在市場交易或政府直接兌換的債券、股份或以其他有效的集資方式，以至臨時安

當局決定保留的灣仔區沿街市集。♉

置（包括住所和商業在原地或其他地域等）、回遷[31]等權利與義務各相互平衡的條件參與合作。項目若有盈餘，除了按合作條件分配予參與者外，剩餘撥作改善社區經濟民生之用。

橫向統籌甚有需要

要充分貫徹社區設計意念：都市設計有着香港與境外城市網絡和境內社區與社區之間的雙重關係，需要從較宏觀的政治經濟角度來策劃。況且，市區重建無論在哪社區耗用的都是社會公共資源，有責任照顧整個社會和平衡社區與社區之間的利益；在這前提下，由上而下[32]的策劃方式是順理成章的。可是，市區重建的實際工作卻是在各個社區內進行，直接和間接都影響到區內的經濟民生、原業權人和持分者（直接和間接受影響者、關注組織等）的得與失；那麼，區內要求項目的發展計畫應由下而上[33]來訂定的聲音也不無道理。要減少兩者之間的矛盾，項目策劃便需要採用橫向統籌[34]的行政模式來處理，意思是市建局、項目參與者和持分者安排在對等的位置上共同合作，由專業團體（顧問）按他們的協議提供項目計畫、發展方案等，經各方同意後才進行（大概與建築師、專業顧問和業主之間在地產項目的運作方式相若）。目前單靠收集市建局委任的諮詢委員會（委員是義務性質，沒有參與具體策劃事務，也不需負政策責任）或是當局主導的工作坊（也是義務性質）等的意見並不足夠。

活化舊區涉文化內涵

再者，把文物建築的無形價值 [35] 轉變為經濟民生的有形資產 [36]。市區更新對任何城市而言都是最有效的持續發展因素，不應該以意念模糊的所謂 "集體記憶" 來妨礙這個新陳代謝的進程。因此，哪些 "舊細胞" 可以清除？甚麼文物需要保育？都應該以它們的歷史、建築、社會、科技等價值能否為未來社區發展作出貢獻作為選擇標準。

活化舊區，顧名思義是為舊區注入新的動力而不是把舊區改變為新區。在新陳代謝的過程中，除了保存文物建築的原來價值外，更應把它們的文化內涵轉變（不是改變）為新的經濟民生動力。所以，在開始策劃文物建築的再使用時，市建局便應與古物古蹟辦事處及社區代表組成合作夥伴，共同研究再使用的方向，並同時尋求其他相關政府部門（如規劃、地政、屋宇、經濟發展、旅遊事務等）相應配合，才能發揮最大的功效。

其實，市建局要活化的並不單是舊區，最終還是活化整個香港的經濟民生。四大政策目標不但可以改善香港生活環境，還可以凝聚社會資本和力量，共同為香港經濟轉型創造有利的條件，提升香港在全球城市網絡中與其他城市的競爭能力。既然市建局是以社會效益為目標，那麼，重建項目就沒有必要採用一直以來和地產市場相若的發展方式；若能以社會企業的模式來策劃，主動把宏觀的都市設計策略和分區的市區規劃全面地、具體地及清楚地讓香港公民知悉，與他們建立有效的社會契約 [37]，減少因政客誤會（或未充

分理解）政策原意造成的障礙，使重建項目得以順利
進行。目前，單以口號式的宣傳方法，未必能令公民
能夠完全領悟四大政策的社會意義。

關鍵詞釋義

28. **文物建築**（heritage building）：指從歷史留存下來，是人類過去生活文化記錄，對未來社會有積極意義的建築物。（參看文化載體 [135]、無形價值 [35]、有形資產 [36]、歷史價值 [72]、文化遺產 [104]）

29. **社會企業**（social enterprises）：是由民間主辦，社區參與，為達到某種既定的社會目的提供所需的產品和服務的商業模式。企業所獲得的利潤需要用作再投資本身業務，而不是分派給股東。

30. **功利主義**（utilitarianism）：原指政府用最少的公共資源給最大好處予最多人民；但在私人市場方面，則是投入最少的資源以賺取最大利潤之理念。（參看微觀經濟 [4]、公共經濟 [48]）

31. **回遷**：社區重建用語。指在市區重建計畫中，被遷出重建範圍的居民在重建後能夠返回原地居住。

32. **由上而下**（top-down）：政策由上級制訂，執行者要服從上級的安排。（參看古典組織理論 [38]）

33. **由下而上**（bottom-up）：政策是按照下級所提供的實際訊息和意見而制訂，下級在執行政策時有較大的空間。（參看社會能力 [19]、社會資本 [20]）

34. **橫向統籌**（lateral co-ordination）：處理事務時把所參與者的權利、義務和責任都放在平等位置上。（參看成果互依關係 [51]、社會網絡 [16]、平等網絡 [18]）

35. **無形價值**（intangible value）：亦稱不可見價值。建築學用詞。包括建築物在歷史演進過程或歷史事件中扮演重要角色的歷史性價值，建築物在現今社會有深遠影響的社會價值。（參看文化載體 [135]、社會意義 [27]、文物建築 [28]、歷史建築 [70]）

36. **有形資產**（tangible assets）：亦稱可見價值。建築學用詞。指設計風格、造型、佈局、結構、技術、藝術上的創造力和罕有性。（參看文化載體 [135]、文物建築 [28]）

37. **社會契約**（social contract）：社會學用詞。指大眾對社會上一些權利、責任和義務都一致認同的無形協議。（參看社會意義 [27]）

市區規劃的新事與舊理
——觀塘市中心的複雜與矛盾

　　現代市區規劃理念源於西方工業革命後的 "功利經濟" 理念，20 世紀受公共行政學上的古典組織理論 [38] 及建築學上的現代主義 [39] 影響，認為人的主觀思維可以改進社會的經濟效率，代替眾人創造理想的生活環境，"建築師是上帝" [40]，因而，市區規劃多採用總體發展方案模式。

　　以人為本的理念是一些社會、建築、規劃學者對功利主義理念的反思，認為現今的都市（社區）設計不應單以經濟規劃，也要顧及歷史、文化、環境、社會行為和效益等因素。因此，社區參與理念便是避免規劃過於傾向經濟發展。

改善社區環境的五種理念

（i）改造（全部拆除重建）

（ii）改進（在原基礎改變）

（iii）更新（促進地方活力，改善環境等）

（iv）保育（歷史、文化、地區特色等）

（v）拆遷、安置再回遷（處理受影響者）

　　五個理念，可以按項目實際條件因時制宜，單獨、綜合或交替採用。

觀塘市中心的複雜與矛盾

　　香港理工大學中國商業中心與有關社會機構共同舉辦 "香港城市規劃－社區共融系列論壇中的" 觀塘重建，參與者各抒己見，可以簡單地概括為以下幾點：

(i) 政策目的不清

市區重建局（市建局）代表在會上指出，觀塘市中心樓宇大多日久失修，損壞嚴重，居住環境差，缺乏管理，而且區內交通擠塞，公共設施不足，強調把整個市中心拆除重建才是最恰當的處理做法。與會者一致要求當局先要弄清楚政策目的，觀塘市中心為甚麼要一併拆除？為誰而重建？然後才是用甚麼方法重建？並認為把所有建築一併拆除重建的方法並不可取，原因是規模過大，規劃難免硬化，沒有規劃者能預測幾十年後的社會變化，所以重建要保持靈活性，應該把整個項目分拆為數個較小的項目。有立法局議員更認為觀塘目前的經濟條件比其他社區較低，因此，目前三個方案的商業部分不但規模過大，而且把主觀的經濟活動模式強加於觀塘，並不符合觀塘人的需要。目前的情況其實反映以"經濟為本"或是以"眾人為本"兩個規劃理念相互衝擊的後果。

(ii) 社區參與未如理想

市建局代表表示，當局尊重社區參與的理念，並因此舉辦了四次廣泛的公眾諮詢和一次工作坊，強調現規劃的三個方案均是按照綜合了的公眾意見而設計。與會者卻質疑當局如何選擇諮詢對象？諮詢方法有沒有在設定的統一規劃框架內進行？市建局強調目前的三個方案諮詢並不是三選一，但卻說有超過百分之七十到訪者喜歡其中一個方案，這個說法有沒有前後矛盾？社區代表有沒有參與和檢視規劃工作等。可是，市建局的代表都沒有交代。

(iii) 保持本土文化特色

　　有學者指出觀塘是香港第一代的新市鎮，是特區文化的一部分，強調自給自足與街道互動的中小型商業活動、市集等是它的本土特色；他更認為目前市建局使出類似地產商的項目發展規劃和推盤（行銷）策略手法不恰當。主辦機構代表也同意觀塘要突出本土文化條件的觀點，建議重建需要尋找一個創新和可以持續發展的方向。有坊眾持着相反的意見，認為觀塘文化沒有保留價值，主張未來發展要從功利經濟為主，

以街道互動的中心型商業活動模式是觀塘的本土特色之一。◑

地塊要物盡其用，爭取最大的商業價值以免浪費資源，並且要盡快進行。雖然有議員認同觀塘要保留它的文化特色，觀塘要為觀塘人重建，督促重建工作要盡快開始，主張市建局先收購後規劃，盡快幫助坊眾解決他們的困難。至於社會效益的考慮，卻認為是政府的責任。

地區風格是否應該保留是宏觀經濟和都市設計理念上的問題，這是如何服從社區需要和重建後的社區文化特色可否為區內和特區整體帶來經濟和社會效益的問題，也是上述重建應以經濟為本、社區為本及眾人為本的觀點問題。至於"先收購後規劃，社會效益是政府責任"的說法是否恰當便先要考慮收購的資金是否來自公帑，市建局是不是政府行政框架下的公共機構？

無論如何，台上意見和台下發言，都忠實地反映社會各階層對市區重建的關注。觀塘市中心的問題是多元性的，但歸根究底是"舊事"與"新理"衝擊而產生的現象。在現基礎上，要妥善處理這些問題，就必先從理解這些矛盾的根源開始，再清楚訂定項目的社會、經濟目標，政策推動要言行合一，切忌畏期月之勞而忘千載之患。在規劃方面，要協調各方面的矛盾，就必須先正視他們的意見，不要諱疾忌醫，把所有觀點和意見組織和融合，再加上一點創新思維，就必然可以尋找到政策的平衡點和各方面都達到最大效益的規劃方向。建築學上的一句格言："把所有的東西放在一起，以創造手法來把它們轉變為新的東西。"相信可為目前的觀塘市中心重建帶來新的動力。

關鍵詞釋義　38. **古典組織理論**（Classical Organization Theory）：或簡稱古典理論，德國
政治經濟學家馬克斯·韋伯所創。他認為政府必須一個由上而下、以
權力來控制的硬制度才可以有效地制訂和執行公共政策。（參看行政主
導 [127]、由上而下 [40]）

39. **現代主義**（Modernism）：指 20 世紀一、二戰前後，建築設計由古典進
入現代的建築思想；以法國的柯布斯（Le Corbusier）、德國的米斯溫德
魯（Miles van der Rohe）及美國的法蘭萊惠特（Frank Lloyd Wright）等的理
論最具影響力。（參看國際形式 [73]、自由形式 [100]、後現代建築 [78]）

40. **建築師是上帝**：建築學俚語。指在 20 世紀初，當城市規劃仍屬建築學
範疇的年代，建築師有能力主觀地替人們創造理想的生活環境和決定人
們最佳的生活方式。（參看合理策劃模式 [13]、城市功能分區 [24]、規劃秩
序 [56]、總體發展方案 [60]）

全球都市網絡
——大型公共建設應以都市設計理念整合

　　都市設計學者指出城市發展趨向不再是基於以個別的城市因素,而是與區內外其他城市組成重疊而又具彈性的全球都市網絡[41]的互動關係,另方面在網絡內又互相競爭。

　　大型建設發展規劃不但要符合國際市場的需求,也要有整合和協調全球都市網絡各城市互動的能力,例如:國際間和鄰近地區的相若發展,是互補所需還是相互競爭的關係?發展策略像對弈一樣,需要長久地、持續地和有效率地保持它在網絡競爭中的主導地位,以及避免在網絡中產生零和作用[42],浪費發展資源。

大型公共建設應以都市設計理念整合

　　西九文娛藝術發展區(西九)發展計畫依然撲朔迷離,港大民意調查反映社會意見和政府原來發展概念相去甚遠,民調顯示大部分公民和社會團體都企望政府放棄與地產商合作或是調整合作條件,與社會各界達成共識。

　　政府和民間的分歧源於一系列的爭議,例如:發展方案為甚麼比興建大型文化公園更佳?文娛項目為甚麼要和地產綑綁在一起?若要借用市場力量則如何平衡商業利益和社會效益之間的矛盾？以主觀思維規劃出來之整體發展方案的模式是否適當等。

不應只看地塊使用

問題的關鍵是整個項目的發展理念不清。要減少爭議，西九發展理念就不應單從土地用途和採購的方法去考慮，而是從都市設計角度綜合未來香港的整體文化娛樂政策及政治經濟改革來策劃。

香港是外向型的經濟體，四大經濟主柱（金融、貿易、物流、旅遊）無不與國際市場有着緊密的關係，因此，區外的變化直接或間接都影響到香港未來經濟狀態；雖然背靠經濟發展蓬勃的中國大陸為香港提供了國際市場競爭的優越條件，但是在經濟全球市場化和資金流動都日漸超越地區界域的同時，也引入了其他地域城市的競爭，例如新加坡、日本的東京、韓國的光州、馬來西亞的吉隆坡等，無不加緊創造城市條件和營商誘因如低商業稅率、減輕交易成本、培育人材資源、法治精神，甚至改變城市形象、優化城市空間、增設大型國際級水平的文化娛樂設施等來爭取國際市場和資金。

在這個趨勢下，香港要在這個網絡中保持競爭優勢，一方面要和鄰近城市合作、分工等，更重要的是優化香港的城市空間和設施等來提升在網絡內的國際市場競爭能力；這樣，西九地塊便應該發展成為網絡中有力的競爭工具了；那麼，把它建設成為大型而具國際級水平的文化娛樂區其實是順理成章的事。

對社會未來影響深遠

　　如果明白西九規劃對香港在全球都市網絡競爭和未來經濟發展都有莫大影響，那麼，若能在現在的基礎上，以宏觀的都市設計理念重新衡量、調整項目的發展策略，短期內應盡快建設目前不足的文娛設施，長期則需要保留項目的發展彈性；此外，社會監察方面也應該以同樣的都市設計理念為框架，慎防過猶不及，引發不必要的爭議，浪費社會資源，消耗社會元氣，造成社會矛盾。否則，任何可以質化（如設計、工程）和量化（如地積比率、建築面積、發展基金）的因素都容易產生爭議；單以諮詢方式處理，事事協商，不但費時失事，項目發展最終也難以獲得到最大社會效益；若處理不當，亦對未來香港經濟發展沒有好處，更容易轉變為社會的負擔，不可掉以輕心。

關鍵詞釋義

41. **全球都市網絡**（Global Urban Network）：近世紀都市設計學者採用的詞彙。指在全球化中，都市設計不應只考慮本地因素，同時也要顧及發展與其他地區和都市的互動關係。（參看依賴網絡 [50]、生命力、開放型經濟體 [114]）

42. **零和作用**（zero-sum effect）：在競爭中，一方的得益相若於對方的損失。（參看自由市場競爭 [3]、市場失靈 [10]）

塑造地區風格
——香港文化與歷史建築保育

　　塑造都市風格，保育社區風貌和文物建築，不但能夠增加區內的經濟活動能力，提升物業的價值，還可以創造和諧的生活環境，加強公民對鄰居的認同、地區的歸屬感。

　　地區風格方面，可以把需要保育的文物建築以點（個體）、線（路線）、面（範圍）方式組織起來，重新調整戶外公共空間設計，把它們連結；在線與面範圍內的建築物則以對比手法，例如虛與實、簡單與複雜、古典與現代，把原來的環境風貌和現代的建築分別出來。若文物建築在不可避免的情況下需要拆卸重建，那麼，新建築設計也可以把原建築要保育的價值（歷史、文化、社會、建築、科學等）通過設計手法，如象形、指事、會意、形聲、轉注、假借、象徵或符號等，把原建築的精神、意義、風格等完整（或部分）地重新詮釋。把這些詞彙的美學概念詮譯為建築語言，例如：中國古

漢字的構造方法

1. 象形：以簡單線條勾劃出對實體有代表性的形狀。
2. 指事：指一看便可知其意的意思。
3. 會意：二個或以上不同的、有形或無形的事物組合成新的意念。
4. 形聲：把二個或以上的形象組合以表示一個新的意念。
5. 轉注：把一些複雜的東西，按特色（例如形狀、功能等）分類，轉化為若干組合，按秩序組織起來表達一種意念。
6. 假借：借用舊的形象來表達新的概念。

（參看東漢・許慎《說文解字》）

建築採用黃色琉璃瓦屋頂象徵皇家建築；香港文化中心的音樂廳造型比喻"大鵬展翅"，喻意香港經濟蓄勢待飛；古希臘建築的三角形山牆是進口的符號。

香港文化與歷史建築保育

北九龍裁判司署、灣仔街市、中環街市、中區警署、油麻地戲院、果欄……中國傳統民居、廟宇、祠堂、書室……維多利亞、伊利沙伯、愛德華時期的西方建築，或是洋為中用[43]、中西結合等風格……還有戰前戰後之復興主義[44]、折衷主義[45]、現代主義、國際形

被列為二級歷史建築的油麻地戲院，計畫改為粵劇戲曲中心。🖐

式等建築風格，都是現香港建築環境的重要元素。

歷史夾縫的文化

　　香港位於南中國一隅，根據歷史資料，居民多從北方避禍而至，以務漁、農、鹽業維生，自給自足。千百年來，香港政治經濟依附鄰近城鎮，未能形成獨立行政區域，卻因近代中國社會動盪，自《南京條約》[46]被割讓予英國殖民至主權回歸 150 多年的歷史夾縫期間，由一個人口不多，資源匱乏的小空間，輾轉而發展成為數百萬人口，經濟處於亞洲前列地位的都會，除了歷史因素外，有賴於適應能力高，文化根源深，生命力強，被著名學者龍應台比喻為"蒲公英的夾縫文化"。這期間，香港無論在政治、經濟、社會狀態、生活習慣，不但中西文化薈萃，傳統與現代相互衝擊、排斥、滲透和交融，形成獨特的文化；香港的都市風格、社區風貌和建築特色等便是這個文化的"硬寫照"。

　　香港土地匱乏，地產有價，在前政府規劃和建設，現特區政府管治下繼續發展。如要成為文化大都會，那麼，城市如何持續發展？舊區怎樣重建？文物遺產如何保留、保育？怎樣塑造和建設獨特風格的都市？如何減低高地價對其他經濟體的衝擊？這需要現特區政府重新認識沿襲下來的管治方式，再從政治、經濟、歷史、文化、社會的角度去檢討，修正或重新制訂一個（一系列）明確、統一和可以持續發展、符合港人治港、社會長期效益的公共政策。

　　要制訂未來政策，首先要認識殖民管治的理念：

從歷史的經驗來說，任何殖民管治的制度和政策都是以管治者在殖民地的利益（包括政治、軍事和經濟）為最終目的。雖然香港缺乏天然資源，但中國卻是一個資源豐富、億萬人口的社會，多世紀以來都是西方各國窺視的龐大市場，香港在殖民管治期間也自然是英國在中國和遠東獵取利益的據點。其次是了解統治者的經濟政策：自開埠以來，香港都以轉口貿易為最主要的經濟活動，因此，低直接稅[47]（商業、薪俸等）、市場積極不干預等政策，自然都是為提高這活動的能力而制訂。據政府統計署資料顯示，自二戰後，政府採用按年遞增支出的經濟政策，直接創造就業機會，間接帶動通漲來刺激市場消費；為了增加收入，就要從其他社會經濟體來補充了。因此，政府壟斷土地供應和只出售使用權的策略來增加收入，其實都是變相的稅收，政府主要的收入來源。所以，殖民年代的公共政策例如市區重建、建築文物保育，以至社區風貌建設等在這個前提下自然也要服從這個經濟政策了。

建設香港特色經濟資源

香港政府（包括港英政府）一直強調金融、貿易、物流、旅遊為四大經濟支柱，但是這些支柱必須依賴內地經濟體配合和支持，才能持續發展。在自由競爭市場的經濟理論下，假若內地日後在有條件的地區建設金融中心與香港分庭抗禮或發展其他轉運港口（例如深圳鹽田港），又若鄰近區域多設一個迪士尼樂園，或在"三農"（農業、農民、農村）問題未能全面解決前，重新調配社會資源（例如投資、旅遊）來促進農村改革等，都會為香港未來經濟帶來強烈的衝擊。目前，中央政府以政策（如自由行等）支持香港經濟的情況，並不符合"個別得益而不妨礙他人"及以社會整體效益為本的"福利經濟"公平理念，影響國家整體經濟發展，不應該是長期的政策。

　　缺乏自然資源，高地價引發高工資，帶動高交易

原尖沙咀九廣鐵路總站剩下來的鐘樓，背景為香港文化中心。 ↻

成本，減弱了這些經濟支柱的競爭能力，是香港未來
經濟發展的最大隱憂。要改善這個不理想情況，短期
要盡快加強和內地發展"緊密經濟夥伴安排"，長期
便要積極地建設香港的經濟資源。那麼，在夾縫中成
長的文物建築正是香港獨有的、不可取代的有形經濟
資源。自英軍強登香港島（1841），割據九龍半島南
端（1861）及強租新界（1898）開始，城市和社區都是
以殖民管治的政治經濟理念規劃和建設。例如中區的
警署、監獄、司法、行政機關、駐軍，以至官邸、宗
教建築等都是以英國本土的行政模式和半軍事管治的
手法佈局。又如灣仔是香港島發展最早的區域，也是
華洋文化最早交流的地方；現存的洪聖古廟、灣仔街
市、大道東郵政局、姻緣石、寶雲道羅馬式輸水渠、
修頓球場，以至現存的唐樓羣（利東街、茂蘿街等），
都是灣仔歷史的見證。此外，尖沙咀的軍事部署（九
龍公園現址）、運輸設施（原九廣鐵路總站現只剩下鐘
樓）、公共建設（天文台），以至港九新界各區和離島
的先後開發，無不是在這百多年殖民管治理念下，東
西文化交錯，傳統和現代結合的產品。二戰後，市區
重建，戰前樓宇不斷被拆卸，在資本主義的功利理念
下，城市規劃、土地行政、建築法規的制訂都沒有顧
及保育文化遺產和社區風貌，新建築物都是缺乏地區
文化、社會意義的經濟產品。

保育具長期社會效益

不明白建築和社會關係的人以為塑造都市風格，
文物建築保留和保育會妨礙社會經濟建設。事實上，

從公共經濟[48]和都市設計的角度來說，只要處理得宜，三者之間並無矛盾。例如：在現政策基礎上，短期內可加上由政府部門（規劃署、地政署、屋宇署等）和區內公民代表共同訂定文物保育和環境設計[49]指引，長期則制訂相關的條例和法規。

歷史建築是記錄都市在政治、經濟、社會、文化轉變過程的硬件。因此，要塑造文化都會就必先要由保育有歷史意義和社會價值的文物建築開始。

關鍵詞釋義

43. **洋為中用**：出自中國晚清年代張之洞的 "中學為體，西學為用"，指把西方的學識轉化為可以為中華民族應用的學問。

44. **復興主義**（revivalism）：建築學用詞。指到歷史時間去尋找或仿學過去的建築風格。（參看希臘－羅馬[79]、巴洛克[80]、希臘復興[81]）

45. **折衷主義**（eclecticism）：建築學用詞。把不同年代、不同建築風格組合起來的設計風格。

46. **《南京條約》**：中國滿清政府於鴉片戰爭戰敗後，被迫與英國政府在南京簽署的條約。內容包括把香港島割讓給英國，並開放五處港口予英人經商等共 13 條款。（參看被動式行政文化[122]、鴉片戰爭[107]）

47. **低直接稅**：在稅務政策下，政府以低稅率來刺激某些經濟活動（例如薪俸稅、利得稅、進口稅等）。這意味着政府必須以間接稅收入（例如買賣土地等）來彌補不足。（參看開放型經濟體[114]）

48. **公共經濟**（public economics）經濟學用詞。是研究資源配置、收入分配、充分就業、價格穩定、經濟增長關係的學問。

49. **環境設計**（contextual design）：建築學用詞。顧及建築環境內一切有形和無形的因素及元素的設計理念。（參看文物建築[28]、都市設計[65]、社區語言[69]、歷史價值[72]）

活力文化都市四要素
——保育和都市設計沒有專家

　　都市是由人、建築物和空間組成的，它們之間關係密切。建築物也和人一樣，有不同的年齡、不同的性格。它們有不同的社會功能，在不同的時代扮演着不同的角色；在歷史的演進過程中，構成了都市的文化景觀，同時也反映了人們（或是政府）對都市的價值取向。

　　自19世紀普法戰爭後，歐洲政治環境轉趨穩定，且由於工業革命促進了社會和經濟結構的改變，城市規劃漸漸脫離以往的政治、歷史和文化因素；功利經濟成了規劃導向的主流；同樣地，建築設計也多服從這經濟理念，於是原來涵蓋着上述因素的建築學（Architecture）也偏向以多、快、好、省為建築設計的指標了。影響所及，城市形態急速變化。可是，到了世紀末，新的規劃理念也帶來新的社會問題，眾人才開始意識到保留歷史建築對都市的重要性。

　　著名的意大利建築歷史學者盧根力克（A. Roganik）指出："建築物是人類文化的結晶體。"在國內享有盛譽，與梁思成合稱"北梁南龍"的建築歷史學者龍非了（也稱龍慶忠）也認為："建築是文化的累積。"這說明了建築物包含了政治、歷史、經濟、社會，以至科技、藝術等多元文化元素；因此，認識一個都市的最佳方法是認識市內的建築物。既然都市是由建築物組成，要塑造一個歷史文化風格的都市也必要從這些元素中尋找，選擇和保育一些對現在和未來社會都有重要意義的建築物（正如要培育一支有競爭力的球隊，教練必須要認識每個球員的技能、特色、特點、體能和狀態等一樣）。單從建築物歷史年份長短、建築形式、模糊不清的學術理念（例如集體回憶）或是過分簡單的社會觀念（例如：身份認同）等來選擇保育對象是遠遠不夠的。

其次，是尋找和組織被保育建築物的依賴網絡 [50]。認真治學，必然明白"物有本末、事有始終"，知所先後，才能找出事與物本質的道理。在同一時空出現的建築物無論是先是後，必然有它們的本末、始終關係，都市也必然是依附這個關係而演進（如球隊在組織比賽過程中，各球員所擔任的角色和之間的成果互依關係 [51]），由於歷史建築蘊含着多元文化元素，也必然在建築空間組成各種程度不同的相互依賴網絡關係；否則，所謂點、線、面的整體保育理念只是空談（如球隊只重視個別球員的能力，忽視隊員之間的協同效應），更難於策劃它們再生使用的社會功能，重塑都市風格的設計方向更是無所適從。

其三，共生關係 [52]。要有效地更新、活化和持續歷史建築的社會功能，就必須發展它們之間的共生關係，意思是在同一個依賴網絡理念下

活力文化都市四要素

(i) 選擇和保育一些對現在和未來社會都有重要意義的建築物。

(ii) 尋找和組織被保育建築物的依賴網絡。

(iii) 要更新、活化和持續歷史建築的社會功能，必須發展它們之間的共生關係。

(iv) 可持續發展的能力。

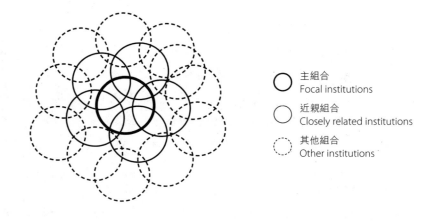

⑥ 相互依賴的網
絡關係示意圖。

（歷史、政治、經濟、社會、建築等），它們的社會功
能都有形或無形地為他方作出貢獻（也如球員在比賽中
如何為隊友製造機會）。

其四，持續發展能力。世間事物的持續發展能力
是建基於它體內的生命力，而生命力的強弱則取決於
它與外界環境的互依關係（如球員和隊友之間的協同關
係），若因任何理由以主觀態度來改變這個關係，生命
力便難於持續。有認為可以用合性、完整模式來重新
創造它的生命力，可惜任何完善的主觀規劃都必有其
限理性[53]，主政者難以主宰社會產生的所有現象（包括
不可預見的），就算開始見效，但是日後外間條件改變
了便難以有效持續。回顧歷史建築的文化元素和之間
的網絡關係必然對環境帶來衝擊（不是它改變外界環境
就是外界環境改變它），這樣，不但失卻了原來的保育

意義，也會浪費了社會的文化資源。

保育和都市設計都沒有專家

近年香港積極推行市區重建、都市更新、舊區活化、歷史建築保育等社會政策，說明特區政府正漸漸地在改變殖民管治年代的城市規劃思維，發展局的成立更是為了更有效率地統籌各政府有關部門，減少不必要的障礙，也反映政府有意為香港未來打造一個歷史與文化、人文與經濟並重，可以持續發展的現代化都市。

香港在殖民年代的公共政策無不以功利經濟、成本效益為依歸，更由於地少人多，再加上近代經濟發展迅速，社會需求增加，於是，移山填海來增加土地供應，拆舊迎新以增加使用效率，自然是理所當然的規劃政策了。特區政府要在原來的基礎上把香港塑造為一個有活力、有歷史文化特色的都市，就必須認真地考慮可以塑造活力文化都市的要素了。

可是，香港雖然是一個相當文明進步的都市，各行各業的專家和學者都不少，卻沒有歷史建築保育和都市設計專家（其實也不應該有專家），境外的經驗（雖然可以參考）也不一定能夠實際地切合本地的社會環境因素，聘用缺乏對本土歷史文化認識的國外專家多只能提供一些"江湖賣藝式"方案。由於缺乏認識依賴網絡和共生關係的重要性，保育工作和活化、更新使用功能便難免以單項目來策劃；更由於目前對保育研究過分偏重個別的學術範疇（例如建築學），或是把一些研究不足的學術理念胡亂套用，因而出現了瞎子摸象式的研究現象；也因此，"更新"也只能造到"翻新"而已，"活化"則容易變成"畸化"了。要改變目前這個不如意的情況，那就必先要組織對香港社會有深切認識的學者專家（政治、歷史、經濟、社會、文化等），對區內的歷史建築作全面的共同研究，建立區內保育對象的依賴網絡，豐富它們之間的共生關係，提升區內對建築（社會）文化的認識；此外，更由於都市發展充滿着難以掌控的自然變數 [54]，保育策略有需要及時評估及調整。因此，社區參與應該是達致最佳效果的最大保證，區議會更是最有效的社會資本。可是，急就章式的研討會、工作坊等社區參與方法，效果並不顯著。

關鍵詞釋義

50. **依賴網絡**（dependency networks）：或稱信賴網絡，組織學用詞。指主組織不能在一個環境獨立生存，需要環境內其他組織組成一個網絡；網絡中的組織需互相信賴，互助互補，爭取一同生存的能力。（參看成果互依關係 [51]、共生關係 [52]）

51. **成果互依關係**（outcome dependency relationship）：雙方的成果都建築在對方的成果上。（參看依賴網絡 [50]、共生關係 [52]）

52. **共生關係**（symbiotic relationship）：組織學範疇之成果互倚理論中的一個理念，意思是一方的成果會為另一方的動力而相互推進。（參看依賴網絡 [50]、成果互依關係 [51]）

53. **限理性**（bounded rationality）：組織學用詞。指人的邏輯思維是有極限的，不可能推測所有變化。

54. **自然變數**：難於察覺的、可令原事與理改變之必然因素。（參看限理性 [53]）

社區參與六要點
——香港式的社區參與

在芸芸社區參與的學術研究中，現今最具影響力者是前美國伯克萊大學教授、建築師、實驗者阿歷山大（Christopher Alexander）。在他的著作《建築的永恆之道》（*The Timeless Way of Building*）開宗明義地指出歷史上最具魅力的城市都是從各地不同的政治、經濟、地理、文化、社會等因素有機成長出來的。在另一本《社區發展與公民參與——俄勒岡實驗的啟示》（*The Oregon Experiment*）一書中，他更詳細解釋社區參與必須配合其他規劃理念才能發揮最大的作用。

（i）**有機秩序** [55]：有別於近代建築師（規劃師）普遍採用的總體規劃（例如有預設土地用途、使用功能、建築物高度等）佈局出來的規劃秩序 [56]，"有機秩序" 是指項目策劃應以大自然為師，佈局要把整個項目拆分為眾多獨立小項目，各項目之間要像自然界事物的成長過程一樣，漸漸發展為一個有共生關係、成果互依的 "整體秩序"。

（ii）**零碎式成長** [57]：該理念對創造有機秩序十分重要。他認為項目發展必須避免規模龐大和年期長久的計畫，也不應該統一或一次過撥款，因為在總體規劃下，項目越大

《社區發展與公民參與——俄勒岡實驗的啟示》詳述了社區參與的六個要點。

越缺乏彈性，而且也沒有人能夠預知未來社會上的各種變化；若此，有機秩序又從何而來？

（iii）**模式** [58]：指由參與者帶動和使用者認同的一系列規劃原則。作者在同一系列的《模式語言》(*Pattern Language*) 一書羅列了他綜合研究由大如獨立區域，小至戶內裝飾的細小事項等共 253 個基本規劃模式。在書中，他強調由於每個項目發展的時間、地點、政治、經濟、社會狀態、歷史傳統、文化行為等因素不同，性質有別，這些基本模式只能作參考用，建議參與者先要熟識這些模式，然後由使用者按當時、當地的條件和環境，不斷調整、深化，修訂後使用，才可達到項目最完美的規劃效果、最終的社會目的。

（iv）**診斷** [59]：上述的三個理念奠下了一個比 "總體發展方案" [60] 更為合理的設計基礎。可是，這個基礎的合理性會隨着時間和社會的各種轉變而改變，因此，診斷便是保障每個規劃部分都能夠 "生機盎然" 的最佳手法。診斷指項目由主政者和使用者每年（財政年度）共同參與，詳細驗查項目哪些部分仍然保持在最佳狀態，哪些部分需要調整，並一起制訂修改計畫。

（v）**協調** [61]：為了確保整個項目內的眾多小項目能夠漸漸發展成一個有機的整體，協調審批、撥款和資金發放的先後次序非常重要，並且要公平、公正；因此，每個決定必須要在公開的會議下進行，若有爭議，項目提議者和主政者雙方須要向公眾解釋他們的計畫和建議，並讓公眾有機會發表他們的觀點和意見，然後由公眾（社區代表）表決。

（vi）**參與**：如何確保在眾多社區參與者的意見中

不會為主政者帶來混亂，作者在書中詳盡地描述了他為美國俄勒岡大學校園未來 20 年的發展計畫之實踐過程中如何克服這問題。首先，他認為社區參與的項目計畫之基本理念是把項目的發展計畫視為一個發展流程，而不是傳統的整體發展方案；其次，成功的關鍵是如何建立一個簡單、有效、權利、義務和責任分明的工作架構。

　　他建議整個項目由一個規劃理事會來策劃和推動，而初步方案設計則由每個小項目使用者組成的設計團體承擔（大型項目按零碎式成長理念拆分為眾多獨立小項目），理事會全權負責項目統籌、監理和審核工作，由主政者組織，成員最佳人數約 7－9 人，其中包括一位沒有表決權的規劃主管，其餘是相當數量的使用者（代表）和主政者的管理人員；規劃主管下設工作組，協助規劃主管工作，並向使用者及設計團體提供一切規劃資料和技術支援，人數按項目的實際需要而定。設計團隊不一定需要專業人士，人數上限也不應超過 6－7 人（人數太多，就不能保證每個成員都能真正發揮作用），由於團隊的能力未必達到規劃的要求，所以需要時可加入暫邀成員或顧問成員（對問題有認識者）。當涉及的問題在團隊中沒有人能代表其利益時，也可邀請相關人士加入，作為團隊的特別成員，完成的初步方案交予理事會及建築師負責一切有關的細緻設計和建造事宜。最後，作者再三強調社區參與的項目必須由使用者來帶動，並且要與其他規劃理念融為一體，才可以有效地進行。

香港式的社區參與

在香港，雖然很多公共項目的主政者都經常強調社區參與，但是項目往往是由主政者策劃、設計和帶動，大型項目發展計畫如西九龍文娛藝術發展區如此，市區重建及歷史建築保育如是，所謂社區參與只不過是從殖民管治年代的選擇性演進為較廣泛性（公眾或是區域）的諮詢而已。目前成立的各種項目委員會成員也多是有義務而沒有權利，責任只是提供意見供主政者選擇而不用負責項目成果。項目規劃方面，在功利文化的帶動下，無論任何發展項目，規模大小、年期長短，也脫離不了總體規劃方式；更由於受到傳統的"被動式行政文化"影響，所有政策層次的制訂理念多偏向"怎樣做"，且專業和學術界對實用和技術知識比"為甚麼"的理論研究和"做甚麼"的創造思維更重視。因此，遇到問題多以"借學外地方法"或是"湊合他人的經驗"來處理，諮詢式的社區參與只是平衡問題矛盾的手段。這樣，就算問題應付了，往往也未能實際地全面切合使用者的需要或項目最終的目的。

55. **有機秩序**（organic order）：組成事物之眾多不同的獨立元素在母體內相互依靠、補充、協調、平衡，使事物達到穩定狀態的行為。（參看依賴網絡 [50]、成果互依關係 [51]、共生關係 [52]）

56. **規劃秩序**（planning order）：以主觀思維安排的秩序。（參看合理策劃模式 [13]、總體發展方案 [60]）

57. **零碎式成長**（piecemeal growth）：建築學用詞。指規劃和建造都由一個流程主導，而總體佈局則在眾多獨立小項行為之間漸漸成長出來。（參看有機成長 [21]、有機秩序 [55]）

58. **模式**（patterns）：建築學用詞。指被使用者採納的一系列規劃原則。

59. **診斷**（diagnosis）：建築學用詞。指按時檢查建築項目的使用狀態。

60. **總體發展方案**（master layout plan）：建築學用詞。指項目在建設前已定下整體規劃佈局。（參看合理策劃模式 [13]、規劃秩序 [56]）

61. **協調**（co-ordination）：建築學用詞。指以資金運作方式來調節使用者在項目成長過程中不斷提出的要求。

政府角色定位
——觀塘市中心重建

從責任和行政模式而言，政府可在公共事務中扮演或同時兼任產權擁有者、供應者、生產者、支持者和促進者五個不同角色。由於不同的角色都會直接產生不同的政策效果，因此角色的選擇要非常慎重。一個以民為本的社會，不應以任何其他理由、目的或行政手法而令政策成果偏離它的責任。

觀塘市中心重建

市區重建局（市建局）日前公佈了三個構思方案，為觀塘市中心重建作廣泛的公眾諮詢；當局估算該等計畫要耗資 300 億港元，並需以 12 年才能完成。社會各方面反應不一，有論者認為項目太大，以目前市建局的財政狀況，再加上樓價不穩定的因素，擔心市建局會重蹈以往土地發展公司的覆轍，最終不能順利完成；有指出方案之容積率 [62] 八倍的建築密度 [63] 太大，對區內環境、交通和其他公共設施都有深遠的影響；有認為計畫中的住宅售價需每平方英尺 7,500 港元才能達到收支平衡，質疑該等方案是否真的為觀塘人而策劃，也有論者指出當局若以高於市值價收購業權，無疑是向業主派錢；有坊眾擔心新方案會徹底改變了目前觀塘人的生活模式；也有坊眾希望當局加快落實收

市中心的小公園是觀塘居民最佳的戶外交誼空間。

購，協助他們儘早遷離；有議員甚至認為當局應該先收購後規劃來滿足業主的要求……。雖然意見紛紜，無論合理與否，但都真實地反映社會各界對項目發展的觀點，對當局在進一步的策劃上帶來一些積極的反思作用。

支持與促進的角色

　　市區重建是社會任務，具市區規劃[64]和都市設計[65]二重性。觀塘市中心重建是香港有史以來最大的社區更新工作，可為香港其他社區未來重建工作帶來經驗和範式，意義重大；因此，在落實重建策略之前，市建局便應要清晰界定在計畫上所需要扮演的角色。和地產發展商不同，市建局是肩負着市區更新、樓宇復修、文物保育及活化舊區四大社會政策目標，是擁有獨立行政權力的"半政府機構"[66]。以目前觀塘市中心重建範圍的情況來說，市建局除了可以從政府獲取部分產權外，其餘大部分則屬私人擁有，因此要扮演整個重建範圍的產權擁有者角色，就必須向現業主收購。由於當局有意統一規劃，業主們希望趁着這個機會，市建局能以高於現市值價來收購是無可厚非的；但是，主政者必須慎重考慮下列各種可能引發的問題：

　　(i)　該地區的私有產權是政府於幾十年前售予市場後按市場規律自由分配而成，今天政府若回購業權，那麼政府有沒有干預市場之嫌？

　　(ii)　重新扮演統一業權者角色是否和現時特區政府所倡導的"小政府，大市場"[67]政策理念背道而馳？

　　(iii)　利用公共資源以高於市場價收購，在公共經濟理念上是否恰當？

　　(iv)　選擇性的地區重建和收購的先例會否對其他也需要改善環境的社區不公平而引發日後的各種社會爭議？

　　(v)　在統一業權後，倘若市建局把業權轉移到發展商，並由他們再在市場上扮演生產者和分配者的角色，那麼，當局是否有利用公帑為發展商保駕護航、為虎作倀之嫌？

（vi）若干年後，觀塘市中心的社區環境再次不如理想，市建局是否又要回購再發展？若當局真的"為觀塘人重建觀塘"及避免（或減少）上述的爭議，市建局是否只扮演支持者和促進者的角色比較恰當？

以社區語言來勾劃

著名的社區重建學者阿歷山大指出，一個社區的生命力不是由設計師創造出來，而是由眾多區內成長的小單元有機秩序組合而成。因此，社區重建成功的關鍵便先要服從這個秩序。目前觀塘市中心的生命力正是幾十年來經過自然選擇[68]後的有機組合現象，不幸的是現在市建局的三個構思方案都沒有考慮這因素。阿歷山大更指出以整體發展方案來重建社區並不適當，主要原因是規劃硬化，任何設計者都不可能預測幾十年後的社區變化，所以預設的規劃秩序都會抹煞社區原來的生命力，因此並不可靠；他建議完善的社區規劃應該有一個漸進成長、按社區需要而轉變的過程，過程中由眾多較小項目相互依靠，互補所需而組合；再者，沒有策劃者和設計者比社區居民更認識社區的生活方式和需要，也因此，社區重建的過程應以他們的社區語言[69]來勾劃。支持者的角色是先要尊重和認同這個有機秩序、漸進成長的規劃理念，協助和組織區內的"社會資源"和"社會能力"來支持和推動這個成長過程。促進者的角色是為社區重建提供市場誘因，其一可由市建局統籌規劃，地政和其他有關政府部門調整土地用途，酌量增加可使用建築面積（不採用統一發展方案，分為眾多較小項目，由市場來完善，相信容積率不需要現構思方案的八倍，市建局也不用耗資300億港元公帑），提供補地價優惠；其次是提升區內的環境元素，例如調整市中心交通流量，改善空氣質素，增設行人專用區，優化戶外休憩空間（現位於裕民坊和巴士總站之間的綠化用地是香港目前市區內最佳使用的小型休憩場地之一），以至加設一些文化藝術設施等。

觀塘重建舉足輕重

目前的三個構思方案不但忽視了原社區多年積聚而來的有機秩序，更徹底改變了原來市區型態。試想，把旺角朗豪坊、中區的中環廣場或是鄰近創紀之城（APM）等理念搬進觀塘市中心是否恰當？每平方呎8,000港元的售價會不會迫使現觀塘居民離開觀塘？甚麼人願意以這價格搬進觀塘？都是值得三思的問題。此外，若觀塘樓宇達到這樣的價格，那麼，其他地區的價格又如何？香港未來的經濟發展能否負擔這樣的地產價格？這樣的經濟負擔會否降低公民的生活素質，加深香港工商業的交易成本，削弱對海外和鄰近城市的競爭能力？

觀塘市中心重建的成功與失敗不單直接影響區內的經濟、民生，間接也對香港其他地區有深遠的意義，是香港市區重建歷史的重要部分。前土發公司所奉行的是殖民政府的社會政策，回歸後，市建局在港人治港的理念下誕生，當局是不是可以改變前者的政

策文化？特區政府強調以民為本和公民社會的施政理
念，所以社會政策的制訂都應以社會效益為前提。目
前最重要的事項不是設計性和技術性的規劃，而是當
局要從政治及公共行政角度清晰它的社會任務和訂定
它應該要扮演的角色。

關鍵詞釋義

62. **容積率**（plot ratio）：建築學用詞。在城市規劃的要求下，建築物的可建
面積與地塊面積的百分比。

63. **建築密度**（building density）：建築學用詞，亦稱土地覆蓋率（site
coverage）。指建築項目用地範圍內的總面積與所有首層建築面積總和
的百分比。

64. **市區規劃**（urban planning）：建築學用詞。含義廣泛，學術、專業界對
詞意亦略有差別。城市規劃比較，市區規劃較着重於城市各規劃區域
內居民與社區功能、生活設施的各種關係和本地因素等。（參看由下而
上 33）

65. **都市設計**（urban design）：建築學用詞，詞意無一嚴謹標準，由城市到
各規劃分區的環境風格設計，包括建築物的體態、外觀、公共空間、園
林綠化，亦需顧及所有客觀的環境因素等。（參看全球都市網絡 41）

66. **半政府機構**（quasi-government organization）：公共行政用詞。指獨立於
政府架構之外，由政府支持，以市場模式運作，自負盈虧的公共組織。
例如：香港的市區重建局、房屋委員會等。

67. **小政府，大市場**：公共行政學用詞。縮小政府行政架構，把公共產品和
服務交由市場供應而令市場相對擴大的管治理念。（參看新公共行政、
收入分配、公共經濟）

68. **自然選擇**（natural selection）：亦稱"天擇"，組織學用詞。大自然演進
過程中的物競天擇，汰弱留強，適者生存。

69. **社區語言**（community language）：建築學用詞。指在社區一致認同，並
相互溝通的共同元素。

對話四：盡信書不如無書

時間：1980 年上學期某天下午

地點：英屬哥倫比亞大學建築學院，由圖書館返工作間途
中

事件：為設計習作找參考資料

人物：Bud Wood 教授

Wood：Hi, Louis。

我：日安，教授。

Wood：你手中拿了很多書。

我：是的，我正在為設計習作找些參考資料。

Wood：Louis，我知道你是本屆新生才告訴你，我們不
希望學生被參考書籍影響他們的思維。所以本
學院不建議學生買甚麼課本或是看甚麼參考書
籍。

我：為甚麼？

Wood：因為任何書籍對新同學都會造成框框，限制了
他們的思維空間，對他們來說，壞處多於好處。

我：……

Wood：我聽說你是本屆其中一個問題學生，經常找教
授問對錯。我現在清楚告訴你，本學院是不容
許教職員在學習過程中給學生意見，他們只可
以在你們研討中提出要思考的地方而不能說出
他們的觀點。因為思維是沒有對與錯的，更不

要人云亦云。

我：……

Wood：每個學生都應有自己獨立的思考。你還是把書
　　　退回圖書館吧。

第三部分

歷史建築保育之道

歷史是看不見、摸不着的，有不同的角度、不同的觀點和不同的詮釋；建築是看得到的政治、經濟、文化發展過程記錄的硬件。保育之道是要在兩者之間尋找出建築的真正保育意義。

都市設計與歷史建築
——荷李活道警察宿舍

　　歷史建築[70]保育除了要認識它們的歷史、文化、社會、藝術、科技等價值和它們對社會的意義外，也應該從都市設計的理念去探討這一系列的問題。都市設計包括優化生活環境、發展區內經濟條件和建立社區風貌；在其範疇內，無論是部分建築構件、獨立建築物或是建築羣都是重要的元素。因此，訂定歷史建築的保育標準要從它的社會背景、發展過程及其以往在區內、區外所扮演的歷史角色和其相關文化景觀元素的關係，以及現在和未來對社會的意義為依歸。

荷李活道警察宿舍

　　由灣仔舊街市、中環街市、中區警署等再發展計畫的爭議，到社會各界及市區重建局都積極地舉辦茂蘿街、莊士頓道和昌大押唐樓羣、旺角雷春堂等歷史建築的保育方法作公開研討，反映歷史建築保育越來越受特區政府和社會各方重視，與社區重建的關係也越來越密切。因此，古物諮詢委員會曾就現荷李活道警察宿舍的圍牆是否應該保留、保育或是拆除更作出積極辯論；辯論中，有說圍牆雖是百多年前中央書院遺跡，但由於國父孫中山先生未曾在此校就讀，歷史意義不高，建議拆除；有說政府的歷史定義太狹隘，認為不應單靠歷史人物來界定，有百多年歷史的圍牆本身已是古物；有委員更強調除了圍牆外，也應保留書院正門和花崗石樓梯等，意見不一。

　　中區是香港殖民年代最早期的管治策略區域，管治設施多仿學英國功能相若的建築風格設計（例如香港中區警署和倫敦的中央罪案法院），以"半軍事式"[71]的管治策略而佈局（例如高級官員官邸、警署、監獄、法院、軍營等關係）；街道也以宗主國的街道和公共建

前中央書院遺留下來的石牆和樓梯。●

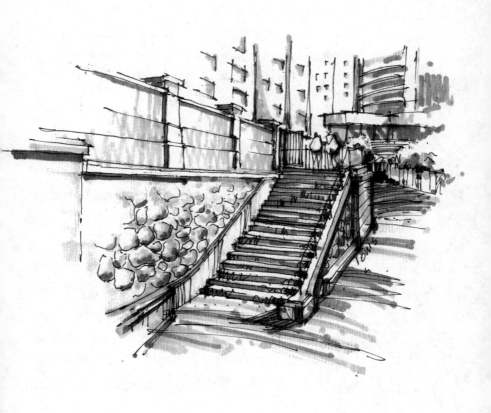

築關係命名（例如奧卑利街、贊善里、亞畢諾道和中區
警署等）。

百多年來的殖民管治期間，中外文化薈萃，相
互衝擊、排斥、滲透、交融，形成獨有文化，香港的
建築環境便是這個文化的硬寫照。可惜的是前港英政
府在高地價的經濟政策前提下，政府收入過分依賴土
地（賣地、補地價和相關的收入），市區重建多考慮個
別項目的經濟收益，漠視了建築物的歷史價值 [72]，往
往輕率地拆除。一直以來，香港社區發展、城市規劃
都沒有重視都市設計，歷史建築保育多是個別項目計
畫，重建項目多是缺乏社區文化特色的國際形式 [73] 設
計；這樣缺乏整體發展概念的市區重建政策不但為歷
史建築之再使用的經濟因素帶來困難（例如西港城），
也未能保育原社區的歷史、文化和風貌。

創造社區動力

要改善這些問題，歷史建築保育應從都市設計理
念去考慮，重視它們的相承關係，例如中央書院原是
殖民政府最早期在香港培育本土人才協助政府管治的
官學院，雖然已被拆除重建為今天的警察宿舍，但遺
留下來的圍牆和石樓梯等仍是殖民管治策略最早期的
原始記錄，若警察宿舍拆除重建，除了應保留和保育
中央書院遺留下來的歷史記錄外，新建（重建）部分的
設計也應該以都市設計理念，例如協調原中央書院的
建築藝術風格（包括構件的比例和技術等），或以對比
（採用相反的手法來強調原建築構件）等手法處理；這
樣不但可以填補殖民年代管治歷史的空白，也可以為

重塑社區風貌建立據點。

　　香港土地匱乏，社會發展需要依賴舊區重建是不爭的事實，但是如何活化舊區？甚麼建築文物需要保留或是保育？那些可以拆除以至怎樣重建等都不單是個別項目的問題，也是如何保育社區的歷史、文化，和重塑社區風貌的問題，更是如何為舊區重建增加生命力的問題。

關鍵詞釋義

70. **歷史建築**（historical building）：與文物建築[28]同。

71. **半軍事式**（para-military）：在管理和執行的模式都含軍事制度的元素。

72. **歷史價值**（historical value）：過去的事或物所存在的道理能為未來社會作貢獻的意思。

73. **國際形式**（international style）：建築學用詞。指脫離了地區風格的建築設計。（參看現代主義[39]、自由形式[100]）

三理念和兩趨向
——拆文化遺產須慎重

現代主義重要建築理念之一是主張建築的"外形要服從使用功能"（form follow function），意思是建築規劃要先滿足使用功能，然後以建築構件（包括結構和外殼）把功能包合起來。其二是以鋼筋混凝土（新材料）的樑柱結構（新技術）取代傳統以承重牆為主的磚石結構建造方式；使戶內空間和門窗便可以隨意地佈置在樑柱之間，按需要把陽光和戶外空氣引進室內。其三是"機械生產"的影響：近代工業設計理念源於一戰後德國的包侯士（Bauhaus）學院，宗旨是推動工業生產機械化、模式化，以及機械美態[74]；學院於 1925 年因政治影響停辦，主持人格羅皮斯（W. Gropius）被迫逃往美國，任教於哈佛大學，促進了美國建築設計使用機械製成品的進程，是現代建築－國際形式在二戰後深深影響國際大小城市建築環境的一個重要因素。

吸取了一戰的經驗，人們意識到科技和速度是戰爭致勝關鍵，一時間以"流線"（streamlines）來體現速度的設計

1923 年的包侯士海報反映該學院的工業設計風格與達達主義的藝術理念有密切關係。❶

普及輪船、飛機、火車，以至家庭用品、兒童玩具等，建築設計當然也不例外。其次，戰後社會重建，資源缺乏，建築設計也因此放棄工藝複雜的傳統藝術風格而採用了較簡單的裝飾手法，更由於 1920 年代末出現世界經濟大衰退，裝飾更被簡單的幾何圖形和線條替代了，這期間便是近代藝術史所說的"藝術裝飾時期"（Art Deco Period）。

現代主義三個重要建築理念

(i) 外形要服從使用功能。

(ii) 以鋼筋混凝土的樑柱結構取代傳統以承重牆為主的磚石結構建造方式。

(iii) 使用機械製成品。

拆文化遺產須慎重

政府計畫拆除看來平平無奇的灣仔街市和將撥入勾地拍賣重建的中環街市，近日不斷引起社會各界爭議，其原因除了它們有 60 多年歷史、社會意義外，更重要的是它們標示香港劃時代的建築意義，是香港由中國傳統建築、殖民年代的西方古典折衷主義建築風格轉變到現在遍佈全港的現代主義國際形式建築的里程碑。它們平凡的外表記錄着代表了近代建築由傳統進入現代過程最主要的三個不同建築設計理念和兩個藝術創作的趨向。

除了目前中環街市二、三層橫向玻璃牆和包侯士學院的機械生產理念類似外，兩街市採用機械製成品不多，但從建築造型來說，它們卻深受當年的工業設計帶動的藝術潮流影響。

強調流線創作的 1939 年美國紐約世界博覽會海報。

大衰退後產品

　　兩街市是大衰退後（1930 年代初至 1938 年第二次
大戰期間）的產品。由於當年政治經濟動盪，期間的建
築量比近代歷史任何時期、任何地區為少，代表這時期
風格的建築在香港更是鳳毛麟角，這兩個標誌着近代政
治、經濟、歷史轉變，刻劃着香港建築由傳統建築風格
進入現代國際形式的劃時代建築，正是香港不可多得的
文化遺產，建築環境轉變的標記。卻不知是甚麼緣故，
在回歸前被前政府規劃處評定為第三級歷史建築 [75]，可
以拆卸重建。

以流線為設計手法的舊灣仔街市。◍

香港市區土地匱乏，政府收入目前仍需依賴土地，這是不爭的事實；但是，在政府高調地倡導發展文化藝術的西九龍文娛藝術發展區項目，與及積極組織和推動社會凝聚力建設的時候，保育文化遺產正是重要的元素，為何市區重建局堅持把灣仔街市和中環街市拆除重建？是不是政府沒有一個長遠的整體文化藝術發展和文物保育政策？是政府部門之間政策不協調？（例如一些政府部門正在積極進行文物保育工作，另一些部門卻不斷把這些遺產拆卸。）是政府重視短期的土地收益而罔顧長期的社會效益（事實上，兩街市都可以在現基礎上按客觀的地理環境條件，重新賦予生命力，改變使用功能以配合新的社會需要）？還是政府疏忽了地區風格和社會環境對眾人的重要性？

　　此外，文化保育也不應該受地產活動的控制。現今特區政府要建設社會凝聚力，要加強公民對政府長遠政策的信心，社區重建和文物保育工作都應該以社會長期效益為依歸。那麼，現時的政策是否有重新檢討的必要？

關鍵詞釋義　74. **機械美態**（machine aesthetic）：建築學用詞。指服從機械生產特性的美學觀點。（參看未來主義 90、工業革命 94）

75. **三級歷史建築**：香港古物古蹟辦事處把歷史建築評定為三個級別。三級，是指該建築物在再使用計畫中可考慮適量保留，及在適當的條件或環境下作整體拆除。

有與無的空間藝術
——匪夷所思的全球經驗

　　本來，保育歷史建築應以認識該建築的歷史為先。歷史是無形存在的，建築則是有形的物體，古語云："無名 [76]，天地之始；有名，萬物之母。"這説明歷史建築的歷史比建築更為重要。因此，沒有顧及歷史的保育方案就沒有保育意義了。

　　建築包含着建築物和空間兩個主要元素，學者大多喜用"建築是一首凝固的音樂"來比喻兩者之間的密切關係，建築物是音符（音色），空間是節奏（拍子），音樂沒有節奏，只是一團噪音；同樣地，建築沒有空間，也只是一堆沒有意思的建築構件而已。無獨有偶，中國傳統的美學理念也有"大音稀聲，大象無形" [77] 之說，稀聲和無形同是有形和無形事物的空間。可見中外的兩個美學理念均指出空間在藝術創作中的重要性。

　　以建築空間而言，大致可概括為：以高牆（或建築物）圍繞着建築羣的封閉空間——著名的例子如古希臘的神殿、意大利的梵蒂岡、北京的紫禁城、蘇州的園林建築（又稱"文人園"）、傳統的四合院等，以及建築物對外沒有任何阻隔的開放空間——如法國的艾菲爾鐵塔、凱旋門、美國的白宮、北京的天壇、中國傳統風水塔等"建築物包空間"和"空間包建築物"兩個

理念，當然還有因政治、經濟、社會等各種因素而兩
者兼備的建築設計。

匪夷所思的全球經驗

　　建築師學會年前花了不少人力和資源為探討中
區警署建築羣的保育方法舉辦了一連串的公眾參與活
動和設計比賽，其中不乏值得參考和深化的意念，可

蘇州文人園平面
示意圖。◑

惜沒獲得有關方面重視。卻不知是甚麼緣故，去年突然通過香港賽馬會向社會各團體、組織推介一個以全球經驗包裝的保育方案。但是，從推介會活動和發表的文件中，除了強調方案中的竹棚設計、觀景台理念，以及加建行人通道與鄰近的蘭桂坊和蘇豪區連接外，唯一明確涉及建築保育的，只有"所有在地盤內已宣佈為法定古蹟的建築物將會被保育"（all declared monuments on site will be conserved ——《香港建築師學會 2007 年季刊》第三期）一句話。這樣的方案，既未能說出歷史建築保育的道理，也沒有滿足社會各界人士的期望。為此，馬會承認該方案需要修改。既是這樣，就不妨重新從歷史、建築、保育和活化等理念去檢視該方案哪方面需要修正，或是能否修改。

既然"馬會方案"並沒有提及中區警署建築羣的歷史保育理念，那麼就不妨單從建築學的角度去看看方案修改的可行性。無可否認，從馬會介紹方案的資料中，可知道設計者是擅於把建築設計視為雕塑藝術的建築師，可是建築物不是雕塑品，雕塑和歷史建築保育更是風馬牛不相及。雖然強調建築物的雕塑性的設計手法曾經在 1970 年代前一段時間內相當流行，可惜，今天已是明日黃花，被重新將歷史、文化、人文等元素注入設計意念的後現代建築[78]理念所替代了，只在不重視建築思想、理論研究不足，或仍盲目追求標新立異的社會環境下仍然存在。

百多年來的漸進發展，中區警署建築羣的十多幢建築物之間在高牆內已形成為一個有組織、有系統、佈局嚴謹、記錄着殖民管治下的司法和執法政策之封閉空間。這正是保育的重點所在。破壞了這個空間，建築羣的歷史和建築意義都會消失，社會意義也因此而減退。試想：在紫禁城或蘇州園林建築內加建幾十公尺高的觀景台供遊客觀看牆外風光，或是把部分高牆拆去加設通道接連其他不相關地方的空間效果會是怎樣？

建築硬件方面，建築羣包含着英國維多利亞時期（1837 — 1901）至愛德華年代（1901 — 1907）在本土普遍採用的建築形式，如由希臘—羅馬 [79] 建築風格演變出來的總部大樓立面（臨荷李活道）、巴洛克 [80] 樣式裝飾的裁判司署、簡單但粗糙化了的希臘復興 [81] 形式之營房大樓〔原來的希臘建築屋頂特色的三角牆（pediment）現因加建已修改為與監獄建築類同的構件〕，及在 17 世紀倫敦大火後，以標準化、規格化、工業化發展出來的設計和技術理念蓋建的監獄部分。可是，除監獄建築外，其餘都是歐洲各時期建築風格蛻變出來的二手或三手理念（歐洲古典建築文化始於古希臘和古羅馬，再慢慢地向歐洲大陸其化地區伸延，脫離歐洲大陸的英倫三島是受歐洲建築文化洗禮最遲的地區之一）。那麼，由港英政府策劃興建的歐式建築大概只可以算是四手了。事實上，同類型的建築風格在英國、歐洲，甚至美洲各地比比皆是，而且，無論在設計、意念、工藝方面，大多比中區警署建築羣的質量更高、更細緻、更具建築文化代表性，所以要保育的不應是建築羣的建築價值而是它們存在的歷史意義——殖民管治的象徵，"馬會方案"的竹棚意念又如何能夠與它們的歷史協調呢？

不可忽視社會意義

　　談保育，就必先要找出歷史建築之價值和意義的因素和元素；談活化，就應該把這些元素重新轉譯為對現在和未來社會都有積極作用的公共資源。以中區警署建築羣為例，無論是它的建築價值或政治、歷史和社會意義都是在它之有層次、有秩序、緊閉在高牆內的大小空間，因此，最重要的是不要以任何理由來破壞這個空間關係；活化就可以考慮以起、承、轉、合 [82]、壓縮、釋放（如音樂創作）等手法把原來的空間結構重新詮譯，以隔、尋、引、渡 [83]、半隱、半現等手法把它們再創造為有歷史、文化和社會意義的藝術空間 [84]。至於功能使用方面，建築師學會近年收集了不少的社會意見，應可作參考。

　　不充分研究歷史建築的價值和意義，卻以全球經驗來推介一個 "發育不全" 的保育方案，不但容易破壞了這個十分重要的歷史空間 [85]，浪費了這個歷史遺產，也實在令人匪夷所思。

76. **無名（形），天地之始**；有名（形），萬物之母：《道德經・第一章》"無名"，是指無形無象的混元大道，因無形無象，故無名。萬物由天地而生，故有形有名的天地謂之"萬物之母"。

77. **大音稀聲，大象無形**：《道德經・四十一章》喻最好聽的聲音是聽不到的，最好看的景象是看不到的。建築學把"稀聲"和"無形"詮釋之建築空間。

78. **後現代建築**（post-modern architecture）：建築學語。指摒除了現代建築形式、國際的教條，把歷史、文化、地域元素重新注入設計的建築思想。

79. **希臘 —— 羅馬**（Greco-Roman）：建築學語。指受古希臘影響的羅馬建築風格。

80. **巴洛克**（Baroque）：建築學語。西方文藝復興時代其中一個建築設計流向。特點是把人類的思想感情通過藝術創作表現出來。（參看文藝復興 [91]）

81. **希臘復興**（Greek Revival）：建築學語。把古希臘建築風格通過現代的條件重新演繹的設計意念。（參看復古主義 [97]）

82. **起、承、轉、合**：把文章內容有序地組織起來的寫作手法。

83. **隔、尋、引、渡**：中國古典園林的設計手法。

84. **藝術空間**：建築學用詞。經過分割、雕琢，能塑造人的感覺和反應之空間。

85. **歷史空間**：記錄着某事物在歷史演進過程的空間。（參看歷史建築 [70]、歷史價值 [72]）

現代建築的源流
——保育之道的點滴

　　歷史建築記錄着歷史、經濟、社會科學、技術、文學、藝術，以及一切人類過去可賴以生活在大自然與族羣之間的各種文化元素。因此，歷史建築保育工作首先要認識這些元素之過去和未來對社會的有形和無形價值。著名的意大利建築歷史學者盧根力克（A. Roganik）曾經說過“建築是文化的載體，不是設計形式，更不是流行款式”。無獨有偶，在內地與梁思成合稱“北梁南龍”的建築歷史學者龍非了也指出“要真正認識建築物，不是看它的前面（可見到的）而是它的後面（指不可見的文化元素）”。中華民族的傳統學術智慧也有“物有本末，事有始終，知所先後”才能找出真正的道理之說。

　　現代建築理念源於 20 世紀一戰與二戰之間（1914－1939），被近代建築歷史學者杜撰為“藝術裝飾”年代；期間，西方工業社會政治經濟形勢急劇轉變，傳統王室貴族權力旁落，民間力量上升，社會要求增加，再因對自由市場 [86] 監理缺乏經驗，積壓了百數十年的問題（市場被政治權力和資金壟斷做成貧富懸殊、導政供求失衡）爆破，引發經濟嚴重衰退（但同時卻出現一些超級富豪如汽車大王、石油大王等）。戰後重建多以建築師（城市規劃原是建築學的範疇）來重新規劃，這便是 20 世紀被戲謔為"建築師是上帝"的年代，在以資本推動的功利經濟思想影響下，社區規劃多以經濟效率為主導。此外，戶外空間開始讓位給車輛，高層建築應時而生，多層建築也就順理成章了。"建築造型隨着功能走"更成為現代建築佈局的經典名句了。

同期，藝術界也因不滿當年被政治和資本壟斷的傳統經濟現象（認為是引發一戰和經濟大衰退的罪魁禍首），也脫離傳統美學觀念，新藝術如在法國成名的西班牙畫家畢加索為代表的立體主義 [87]、在德國崛起以拼合幾何圖形來表達創作意念的達達主義 [88]、以荷蘭雲度斯貝（Van Doesbury）為代表的形式派 [89]、在意大利興起以表現速度和機械美的未來主義 [90] 被西方工業社會廣泛接受，再加上新理念更符合當年工業生產的條件，影響所及，建築物亦多以幾何圖形作裝飾，特別是象徵速度和效率的流線。此外，普遍採用玻璃磚、銅、電鍍、彩色鑲嵌玻璃、水磨石、霓虹管等材料作裝飾用途更是這時期的設計特色。

保育之道的點與滴

香港是一個相當文明進步的社會，各方面的專家學者不少，但基於政治和經濟原因，港英政府管治年代沒有重視歷史建築保育工作，沒有培育公民認識歷史文化保育對社會的重要性，更沒有積極培育保育這方面的人才。由於社會條件不足，且缺乏明確的政策方向，目前的保育工作大多以單幢建築物進行。更由於對建築歷史認識不足，保育研究往往停留在定義廣寬的範圍內，例如：文藝復興 [91]、巴洛克、甚麼時期建築等，或是以簡單的理念，例如甚麼主義、甚麼形式、甚至意念含糊的集體回憶等也派上了用途；其次是借學境外的經驗，可是不同文化地區也有不同的保育政策和約章，未經詳細研究，不應該隨意套用；更有甚者，聘用外國專家來替香港謀劃，以中區警署和維多利亞監獄為例，該專家曾公開以“全球經驗”之名義來介紹他的保育計畫，可惜雷聲雖大，雨點卻小，方案不但沒有顧及建築羣的各種保育意義（政治、歷史、社會、建築）、對內外空間的再使用建議也付之厥如，反之，卻在建築羣後部分（原監獄操場）加蓋一幢高達 60 公尺的所謂文化樓和觀景台，反映設計者不但不認識香港建築文化、都市肌理 [92]，連香港自然環境的特色也認識不夠，否則為何在香港最大、最高、觀景設施最多、範圍最廣的港島山脈腳下加建一個在大小、高低、範圍等都與山脈無法可比的觀景台，但對原建築羣和相鄰的建築環境又極不協調的龐然大物呢？

二戰後，香港市區積極發展，市區重建拆舊建新，現存的舊建築（統稱為戰前樓宇）多在這個時期建造，無論是住宅或是非住宅，多層或高層，大都受當時藝術裝飾手法影響，舊灣仔街市更是區內最具地標性的流線造型。

舊灣仔街市的建築保育意義不在其規劃、佈局或是結構，而是它具時代代表性的立面藝術造型。所以，保留街市的立面不失為一個相對可行的方案。可是，重建後的原灣仔街市的保留部分不會再是街市用途（也不應該是），而且，原流線造型雖然簡樸，但是工藝卻非常粗糙（包括內外的裝飾線條、設計樣式），在新的使用功能下，如何活化原來的藝術裝飾理念，承傳它的文化意義，是重建計畫要認真考慮、再三研究的問題。古語云：格物致知 [93]，要認真研究過去才能知道未來的道理。

　　因此，尋找歷史建築保育之"道"的工作就必須由熟識當地政治、經濟、歷史、文化的人士來擔任；至於是整體保留之道、部分保育之道、翻新之道、活化之道等重新詮釋就必須要配合當時的政治經濟環境、未來社會的重要性來訂定。

關鍵詞釋義

86. **自由市場**（free market）：買和賣雙方都不受政府或第三者干預的市場。（參看自由市場 [86]、寡頭壟斷 [9]、市場失靈 [10]）

87. **立體主義**（cubism）：亦稱方塊主義。20 世紀以西班牙藝術家畢加索為代表，以多角度及不同透視點的平面意象來創造立體感覺的藝術流派。

88. **達達主義**（DaDaism）：20 世紀在歐洲興起反傳統的藝術觀念，以併合簡單幾何圖形來表達藝術意念的藝術流派。

89. **形式派**（De Stijl）：20 世紀以 Theo van Doesbury 為代表的一羣荷蘭藝術家以簡單的橫直線圖形和原色來表達抽象意念的藝術流派。

90. **未來主義**（Futurism）：20 世紀從意大利崛起，以線條來表現速度和科技的藝術流派。

91. **文藝復興**（Renaissance）：14 至 17 世紀之間，由意大利開始，向歐洲其他地區蔓延，包括文學、藝術、音樂、建築等脫離傳統政治、宗教教條影響的藝術創作風格。（參看人文主義 [96]、復古主義 [97]、洛可可 [98]）

92. **都市肌理**（urban texture）：建築學用詞。指都市的組織和體態。

93. **格物致知**：《禮記・大學》指認真研究，小心求證，才能真正認識事物的道理。

獨立房子的文物意義
——大宅的保育價值

　　從西方建築的定義來說，大宅指在歐洲封建時代皇室貴族的府第（manor）或是莊園（chateau）。薄扶林大宅應是工業革命[94]後，因應歐洲中產階級崛起的需要而發展出來之獨立房子的建築範式之一而已。

　　英國的獨立房子設計也是興起於 19 世紀中葉，當年房子設計理念的主流可概括為學院和工藝兩派。學院派[95]被視為較保守的一派，主理念認為建築像英國語文（以日耳曼語言、盎格魯撒克遜土語，再併合歐洲其他語系為基礎，現代英語在文藝復興年代才開始整理和統一）一樣，可以古代各不同年代——特別是文藝復興年代（意大利約 400 餘年，英國起步較遲，約 300 多年）期間包括嚴謹的古羅馬、人文主義[96]、巴洛克、復古主義[97]及洛可可[98]等建築風格為基本範式，然後循以往的經驗及按現代條件把這些範式修訂，發展為自己的建築風格。當代著名建築師白賴頓（John Brydon）說得明白："現代英國語文在某程度上比意大利文藝復興的成就更加優越，因此建築師需要認識歷史的經驗，珍惜以往的成果，才可以使建築設計達到更高的境界。" 正是代表了這一派別的建築創作理念。

　　工藝派[99]的建築理念起源於 1880 年代以邵爾（Robert Shaw）及摩利士（William Morris）為首所創造

的工藝學會（Art and Crafts Guild），兩者都不是受傳統建築教育出身，但卻以工藝和建築設計名聞於世。和學院派相同，工藝派亦認為英國也要發展自己國家的建築風格，早期的設計理念也不反對借用古典理念，但和前者不同，工藝派認為現代的建築設計要具靈活性，藝術創作也不必要受以往古典建築的嚴謹教條束縛，認為建築物要因時因地制宜，佈局要靈活跟地理因素和使用功能配合，才能發揮最大的設計目的；同時，建築要盡量選用本地材料，造型要和自然環境協調等。隨着時間發展，一戰前工藝派的設計理念已漸

受學院派理念影響，古典風格較重的薄扶林大宅。◑

漸地轉變為自由形式 [100] 的建築風格了。這轉變深深影響到同期間歐美地區以至世界各地的房子設計，是一戰後建築設計理念走向現代主義的起源。因此，可以說是因政治經濟改革而創造的產品。

大宅的保育價值

薄扶林的歐洲式大宅曾被民政事務局暫列為古蹟，理由是該住宅是南區僅存具意大利文藝復興時期的建築風格、糅合近代藝術裝飾理念的建築作品。據報載，有古物古蹟諮詢委員會委員指出，該建築物的工藝技術非常精細，設計造型優美，與附近的伯大尼修院、港大學堂等同時期建築一起可在區內組合成一個別樹一格的建築羣，認為大宅具保留價值；也有社會團體建議政府成立保育基金收購。但是，有測量師估算"大宅"的收購費用可達 3 億 6 千萬港元。雖然，該建築的設計和造型都相當優美，也許是香港比較罕見的西方古典建築之一；但是，從理念來說，文物建築必須符合各種不同的保育因素，若需花 3 億多公帑來保留它，就更加要認真地找出要保留的原因，耗用公帑的理由，然後研究以甚麼方法來達到保育的目的和最大的社會效益等問題。

歷史建築的保育因素包括歷史、建築、社會等價值，對社會的影響及其罕有性。歷史價值指該建築物在歷史過程曾經在對社會具影響性的事件中扮演重要角色，歷史人物對社會的貢獻與該建築物的關係，建築物對社會環境、建築文化等發展有重大影響及建築物的年齡等。

香港政府認為大宅是意大利文藝復興時期的建築風格，並無不妥。但準確點來說，它應該是 19 世紀晚期至 20 世紀早期房子設計潮流中借學文藝復興時代的羅馬古典建築風格。至於大宅的設計是受到學院派或是前期工藝派設計理念影響，是仿學意大利或是其他歐洲地區的文藝復興的建築風格，它的設計、功能使用的水準、建築工藝的質量，對美化鄰近環境能夠起到多大的作用，能否達到文物保育的標準，以至該建築物原整性（包括內部裝修）等，則有待進一步研究。

社會價值的定義可分為建築物在區內是否具代表性，是否對社區有象徵意義，區內外在文化上的認同因素，以及是否有足夠的元素可以構成永久集體記憶，對社會的歷史文化、經濟民生都有重要的影響。

稀有性指建築物在歷史、建築、組合價值、原整性等都有不可替代的因素。從目前的資料來看，雖然大宅存在一定程度的社會價值和稀有性，但未經詳細研究，該建築物能否在各方面都達到文物建築保育的標準也成疑。

逢古必保 不負責任

總括來說，大宅的文物保育價值主要是它在房子設計、造型，以及工藝、美學理念以及反映建築設計、政治經濟在變革中的演變。無可懷疑地，大宅是研究建築文化和政治經濟關係很好的教材，也是推動通識教育很適當的資源——可是要花 3 億多公帑來收購它是否恰當，必須詳細研究。文物保育政策須要以社會整體效益為依歸，使用公帑來保育它們就必須更加需要認真考慮，小心策劃；研究不足、逢古必保、或簡單地以意念模糊的集體記憶的理由來推動文物保育工作並不是對社會負責任的行為。要達到保育目的和獲取最大的社會效益，就必須靈活採用不同的方法來平衡各種因素。

關鍵詞釋義

94. **工業革命**：18 世紀中葉，在西方社會由手工業向機械工業邁進的運動。

95. **學院派**：指 19 世紀中葉至 20 世紀初在英國一些受傳統建築學術訓練的建築師。

96. **人文主義**（mannerism）：在歐洲文藝復興期間一個把創作者的思想、感情注入設計的藝術流向。（參看文藝復興 [91]）

97. **復古主義**（antiquarianism）：歐洲文藝復興年代末期，於巴洛克與洛可可之間的一個向古建築學習風尚。（參看復興主義 [44]、折衷主義 [45]、文藝復興 [91]）

98. **洛可可**（rococo）：18 世紀末至 19 世紀初西方流行以大量複雜、精緻、華麗裝飾來表現富麗堂皇、豪華氣派的設計風格。（參看文藝復興 [91]）

99. **工藝派**：指 19 世紀中葉至 20 世紀初在英國一些沒有受傳統訓練，以 William Morris、Robert Shaw 等為代表的建築師，以及 Art & Crafts Guild 的成員。

100. **自由形式**（free style）：擺脫古典教條束縛，按生活需要及因地制宜的建築風格。（參看現代主義 [39]、國際形式 [73]）

模棱兩可的集體回憶
——天星事件的過猶不及

　　"集體回憶"是文學、歷史、心理、文化等學術上的理念。著名研究集體回憶理論的歷史學家羅絲（Christina Ross）解釋："集體回憶的意義不完全依附於心理現象，而是指在兩人或以上去追憶過去發生的事件比個人更準確。"她更指出，"傳媒報導的集體回憶事件大多具爭議性，一方面是由於報導過去的歷史事件中的信念和立場對社會都有很大感染力，另一方面是報導不是存在選擇性的因素或只能是表面的社會現象，客觀的困難是不容易報導事件的真正意義。"這樣，一些對事件較少認識的人們也容易受感染而積聚成為社會壓力。社會學教授尼爾（Arthur Neal）卻認為："集體回憶中發生的事與物會因時間而淡退；同時，不同年代的人對事件也有着不同的意義。因此，最重要的是事件對社會的影響而不是它的準確性。"綜合學者所說，可知集體回憶最大的社會意義是過往發生的事件對日後社會的重要性。

　　再者，歷史建築不是古董，它的價值，不能單以年齡或建築的設計、質量和技術作標準，更重要是該建築物在歷史事件的環境中曾扮演甚麼角色和發揮甚麼社會作用，所以歷史建築若脫離事故發生的地點和其相關的環境，它的價值便會因此而減退甚至消失。

天星事件的過猶不及

　　香港政府強調天星碼頭搬遷是經過多年的公眾諮詢，亦曾獲得立法會同意才落實，但到了執行計畫的時候卻遭受一些關注人士以保護香港公民集體回憶，見證香港水上公共交通發展史等理由強烈反對。為了減少爭議，政府答應考慮仿照碼頭原來的建築風格（或鐘樓）覓地重建。事件反映政府和公民對歷史建築的價值和社會意義存在着差距。若要縮短兩者之間的差距，便先要認識集體回憶是甚麼？建築物又如何能夠見證歷史？

已被拆除的天星
碼頭。 ◑

把集體回憶簡單化

　　以香港而言，近代最大的歷史事件莫過於英人的殖民管治和二戰期間日軍佔領對香港造成的影響。至於天星碼頭，顧問報告強調天星碼頭最具社會意義的事件是 1966 年因申請五仙加價而引發香港公民對管治抗爭的社會運動。事實上，從香港殖民管治歷史來說，對社會最具影響力的事件應該是 1920 年代導致立法局結構改變和殖民政策調整的省港大罷工[101]。從事件的社會影響力來說，五仙加價事件[102]和大罷工是無法相比的。那麼，後者這樣重要的集體回憶在哪裏？為何有心人士卻只鍾情於天星碼頭？有論者以見證香港的水上公共運輸發展這個抽象理由反對遷拆，這個理由甚具爭議性：香港的運輸系統是隨着城市不斷發展而改變（現碼頭也不在原址），天星碼頭又如何能夠見證這個變遷？若說已被拆除的舊匯豐銀行外石牆上的彈痕見證日軍侵港（現匯豐銀行就不可以）或皇后碼頭曾見證多位港督到任及英國皇室人士訪港還可以。但是，天星碼頭又有沒有留下水上運輸發展的痕跡呢？所以，若單靠集體回憶這個抽象理念來斷定歷史建築的去與留，並不適當。

歷史建築不是古董

　　其次，港英政府管治年代，歷史建築保育理念並不重視，二戰後更因政治和經濟理由把有殖民統治色彩的歷史建築如舊中環郵政總局、香港會、瑪利兵房、尖沙咀火車站（現尖沙咀文化中心，原計畫把火車站全部拆除，經當年建築署和有心人士向政府極力爭取才剩下現在的鐘樓）等不斷拆除或遷離原址。其實，歷史建築的拆與留應要考慮它對社會有甚麼重大的影響，對城市發展在政治、經濟、文化生活具甚麼積極的意義。因此，建築物的拆與留，不獨是為今天的問題而決定，而是對社會影響深遠的斷定。

現在特區政府在歷史建築去與留（甚至更新使用）的問題上仍只以單一建築物的條件來衡量，缺乏考慮它在歷史中與鄰近環境的關係（文化景觀）。此外，政府所聘用的顧問在《第三期中區填海計畫——對歷史建築影響的評估》報告中曾提及清拆現天星碼頭會引起公民反對，建議政府把天星碼頭整體或鐘樓遷離原址，覓地安置。試想，搬遷了的碼頭還是天星碼頭嗎？搬遷了的鐘樓還是原來的鐘樓嗎？可見政府和顧問對上述各點都研究不足。

保育問題相當複雜

近年政治環境較港英政府開放，港人治港增加了公民參與規劃未來社區環境的機會，因此，對歷史建築也越來越關注。由於歷史的緣故，香港特區的保育工作與其他文物保育傳統地區相比，仍是在初步階段。那麼，目前的工作就不妨先借學聯合國教科文組織和國際古蹟遺址委員會等國際普遍採用的歷史文物保育標準，然後再結合香港特區的政治、經濟、社會、文化等策略來制訂政策。歷史建築去留和保育工作不但涉及相當廣泛和複雜的問題，而且對社會影響深遠，不應該單憑集體回憶或見證等抽象理由輕率從事，更不應該把問題簡單化、浪漫化、絕對化，把一個仍然弄不清的保育歷史文物問題轉變成為社會問題。正如美國法官畢利南在判斷紐約中央車站是否應該被拆除重建時指出："保育歷史文物是一個相當複雜的大問題，但歸根究底是一個優化生活質量的環境問題。"看來，政府和熱心人士在遷拆天星碼頭的事件中，都有過猶不及之處。

關鍵詞釋義

101. **省港大罷工**：1925－1926 年間，因反抗外國人在中國的勢力而引發的罷工潮。

102. **五仙加價事件**：1966 年，因香港天星小輪加價五仙而引發公民抗議的街頭運動。

文物建築三價值
——藍屋計畫研究不足

　　文物建築的保育價值可概括為歷史、建築和社會三方面。歷史價值包括該建築物與歷史重要人物和事件的關係，在歷史的發展過程中對社會有直接和間接的影響，或曾經在歷史事件中扮演重要的角色等。

　　建築價值是指該建築物在規劃、形式、風格、藝術、工藝技術等意念具創造性，對日後建築環境直接和間接都有重大的影響，也忠實記錄着某地區、時期的政治、經濟、社會形態，人們的生活習慣、思想方式。

　　社會價值指建築物在歷史過程中產生的事與物對人類的文明、社羣的組織、發展、形態、風俗和習慣存在着精神上、情感上的因素或對社羣具象徵意義。

藍屋計畫研究不足

　　香港房屋協會及市區重建局宣佈合資一億港元把灣仔石水渠街被列為一級歷史建築的藍屋和慶雲街的黃屋一起復修，建議以茶業及醫療為主題，把這些二戰前的唐樓 [103] 羣發展為主題旅遊點；毗鄰的橙屋將會拆卸。建議遭一些社會關注組織反對，認為會嚴重影響區內居民的生活和作業，更懷疑主政者的計畫是否符合社區利益，主張當局把計畫修改為社區用途，以社會企業模式由社區策劃和管理。社區關注組害怕復修計畫會影響區內經濟民生及多年來所建立的社區關係是理所當然的；可是，藍屋不單是社區的，也是屬於香港特區的，是香港歷史的一部分。況且，用公帑去保育它，主政者要考慮香港特區的整體效益也是無可厚非的。既然雙方都重

與社區關係密切的藍屋，是二戰前的建築文化產品。◑

視保育香港的文化遺產 [104]，那麼，不同的提議都應該以保育藍屋的真正價值為復修和再使用的最終目的。

歷史的角色

要認識藍屋的歷史價值，就必先要認識它存在的時代、政治經濟背景。藍屋的出現，香港已被英國統治了半個世紀，期間中國內地先後經歷了推翻滿清政權、軍閥割據、國民黨北閥的年代，國際社會也發生了一次大戰和出現經濟大衰退等現象。這些事件和現象對當年香港有甚麼影響？對藍屋的存在有沒有直接或間接的關係？其次是藍屋是在甚麼社會條件下建造？是誰興建？在社會上曾經扮演甚麼社會功能？其後的轉變對香港特區的政治經濟、社會（社區）民生存在着甚麼意義？

中西建築文化實驗品

藍屋臨街面窄而進深的平面佈局，前廳後房（或前舖後居），屋與屋之間的防火隔牆、木椽地板、樓梯、杆欄式的露台、室內外之間的格扇（門式的窗）、首層的臨街板門、檻窗（不完全落地的格扇）以至廚房衛生設施等，均是採用中國南方傳統臨街建築的範式（自北宋取消坊市制度 [105] 後，政府容許商店臨街而設，工商業者家眷可以住在店舖上層或店後）。但是，眺台上鐵欄杆的圖案，半拱頂的窗戶，窗簷、天花（部分三合土樓板）的線條卻帶着 20 世紀初西方流行的"藝術裝飾"影子，可見藍屋是中西建築文化滲透過程中的實驗產品。但從結構方面來看，設計卻存在技術整合上的矛盾。爭取最佳陽光和自然通風是中國南方傳統建築的最大規劃特色，雖然"藍屋"的結構仍是以傳統的木樑（橫向）和磚石建造的承重牆（豎向）為基礎，但是懸空的露台卻是採用當年還是新建材和新技術的鋼筋三合土來建造，露台懸托於承重牆外；由於三合土和同平面的木樑地板也不能產生結構關係，推算（因缺乏結構技術記錄）露台需要在與地板接連的位置以橫樑或以裝嵌在承重牆的懸臂樑承托（或兩方法並用），技術上限制了露台的闊度，所以室內與露台之間便需要以磚牆來防風擋雨，也直接限制了格扇數量安置，自然降低了採光和自然通風的效率。這樣的結構組合，不但防火性能低，家居安全易受威脅，環境衛生不理想，房間亦只能用木板間隔（上部鏤空來容許有限度的自然通風），隔音效果差，個人私隱也難以獲得保障，因此不適宜用作兩層以上的非商業樓宇，更不應作多家庭的居住用途。

社區關係象徵

　　社區方面，藍屋對香港特區有着雙重的意義。它是 20 世紀政治、經濟動盪時代的產品，和其他同時期散佈在社區內外的文化遺產組合起來，更可以構成一幅香港特有的、完整的劃時代文化景觀，對認識和研究香港的歷史、中西夾縫成長出來的香港文化提供了寶貴的資料，當然也豐富了特區的文化旅遊資源。另一方面，石水渠街和慶雲街一帶在二戰後成為中下階層聚居的社區，經濟條件較其他社區差，藍屋亦轉變為多家庭住宅用途。在戰後的城市發展過程中，社區像是被遺忘了的一角，幸得非官方福利團體的協助，在區內提供各種工藝培訓、教育、醫療、衛生常識、家庭援助等服務，區內居民生活壓力才得以紓緩；社會工作者多年來的工作也把社會壓力轉化為和諧的社區關係，藍屋便成為這個關係的象徵。

如何藉着社區重建和文物保育的政策來改善區內居民生活？藍屋是否應該仍保留作家居用途？如何復修和使用？如何策劃及管理？計畫怎樣持續？如何平衡社區和香港特區雙方面的效益？都必先要以尊重它的歷史，保育它有形和無形的建築和社會價值為指導方向。至於未被評為歷史建築的"橙屋"是否應該被拆除，就應該考慮它在各價值範疇內的組合價值。

藍屋是一個歷史時代的產品，是中西文化結合實驗過程中的一個符號，社區精神的一個象徵。無論藍屋的再使用是為文化旅遊而復修，為社區用途而策劃，按目前的情況，各方對藍屋的認識和研究都是不足夠的。

主觀思維與客觀因素
——茂蘿街發展創意產業

　　歷史建築是社會演進的忠實記錄，包含了過程中的所有有機成長出來的客觀因素。思維是主觀的，無論是主觀帶着客觀，或是由客觀引導着主觀，都必然有其限理性。若歷史建築被認定為文物建築或是社會的文化遺產，那麼，保育計畫除了要考慮再使用的經濟價值外，更重要的是要尊重它們的客觀因素，例如歷史、社會、文化、建築等；所以，不應該隨意改變以配合主觀思維；否則，保育成果只會是有形無神[106]或是形存實亡，文物建築也不是文物了。

茂蘿街與創意產業不是最佳組合

　　市區重建局（市建局）為茂蘿街戰前唐樓羣以文化創意產業（創意產業）配合歷史建築之再使用理念進行廣泛諮詢，嘗試為舊區重建尋找新的發展導向，推動市區更新、樓宇復修、文物保育及舊區活化等四大政策；茂蘿街是這一系列計畫中的首個試點項目。

　　市建局把創意產業廣義地分為設計、建築、廣告、出版、音樂、電影、電腦軟件、數碼娛樂、演藝、廣播、古董與藝術買賣等十一種類，茂蘿街計畫是把重修的唐樓羣以低於市場租值來協助這些創意產業發展。然而，這個良好的意念是否是歷史建築再使用的最佳選擇？兩者能否相輔相承，達到市建局的政策目的？以昂貴的文物保育項目（除了土地使用價值外，文物建築保育的費用比拆除重建超出多倍）來協助創意產業發展是否符合最大的經濟效率和社會效益等？

茂蘿街戰前樓宇。

文物建築是具時間性（歷史）、地區性（風格）、社會性（文化）的，基本上和大部分市建局的創意產業風馬牛不相及；因此，以昂貴費用保育文物建築來補助創意產業是否恰當存在着很大的疑問。雖然，特區政府以公共資源支持創意產業發展是無庸置疑的，但是它們是否有需要立足於經濟和歷史價值甚高的茂蘿街唐樓羣；再者，創意產業最需要政府積極協助的究竟是教育、人才培訓、推廣、創造機會，或是單靠低廉租金來資助它們的立足點，都是值得再三研究的問題。

應尊重文物建築的客觀因素

以合理策劃模式來計畫發展綱要，然後再作所謂"廣泛諮詢"，其實都是由上而下制訂政策的慣用方法；但是對文物建築再使用而言，主觀把新的用途加於舊的建築功能或是改變它來遷就新用途，應該都不是最可行的方式。尋找文物建築的最佳再使用方法，先要尊重客觀存在的各種因素；其次，不應主觀地要它們做些甚麼，而是由它們來告訴規劃者希望在未來為社會擔當甚麼任務；那便是建築學上"讓鉛筆來思維"（let the pencil do the thinking）的學語，意思是，建築規劃不應以主觀思維來策劃，而是讓客觀環境、條件和內外因素來勾劃，也就是著名建築學者魯度斯基（B. Rodosky）在《沒有建築師設計的建築》（*Architecture without Architects*）的主要論點。

認識文物建築的真正價值

自殖民管治始，灣仔是華洋文化交流最早期的地方，若把現存的舊郵政局、寶雲道古羅馬式輸水道、洪聖廟、舊灣仔街市、舊警署、鵝頸橋底"打小人"、大坑的蓮花宮、石水渠街藍屋、高士打道（和昌大押）利東街唐樓羣等，以都市設計的理念組織起來，再加上茂蘿街唐樓羣（包括巴路士街），便是這個地區歷史文化剪影的硬件。因此，茂蘿街唐樓羣才是以昂貴費用來保育的價值所在。要善用這些價值，就不應該主觀地以低廉的租值來補助創意產業，而是先要發掘它們對區內歷史和文化的重要性，發掘它們未來對社區經濟發展的潛力，然後才訂定它們未來扮演的角色。其次，文化建築修繕工作除了要盡量保存它們的原貌外，也應尊重、恢復或重新演繹它們以往的使用功能，例如：冰室、曲藝社、中醫、藥材店、押店、跌打醫館、茶藝館、薦人館（職業介紹）、武館、禮餅店、照像館、同鄉會、宗親會……以至中轉客棧等，不一而足；當然，也可以包括相關的文化創意產業。此外，在現址經營了數十年的有仔記小菜館及其經營模式是灣仔特色，應考慮予以保留。

保育舊區文化

　　市區重建局於 2001 年承接了前土地開發公司的任務。奇怪的是，兩者和他們的策略夥伴規劃署等都沒有把都市設計納入研究範圍；因此，一直以來舊區重建都缺乏保育社區歷史文化和塑造社區特色的整體發展理念。影響所及，茂蘿街唐樓羣的再使用功能也是從單一項目去考慮。以理性策劃模式來把它們修建作創意產業用途，不但破壞了文物的完整性，未能達到

保育意義，也未能發揮它們真正的價值；所以，文化
創意產業和茂蘿街的再使用計畫結合不是最佳的組合。

歷史語言與建築密碼
——中區警署建築羣

　　歷史是虛體，歷史記錄由人撰寫。同一歷史可由於不明的原因、不同的角度、不同的時間、不同的信仰等，有着不同的局限性和選擇性而會有不同的詮釋。因此，翻開歷史記錄，就不難發現"客觀帶着主觀"或是"主觀引導客觀"的現象。

　　建築是實體。雖然歷史建築也是由人建造，但建築是唯一性的，只能以思維來記錄事件的轉變過程，卻不能在同一時空有多個樣板。兩者的記錄方式不同，歷史多以語文詮釋，而建築的一筆一畫、一磚一石的應用，都是建築師深思熟慮的成果，是表現設計意圖最忠實的硬件。因此，要認真地認識歷史建築，便要通過尋找、閱讀和理解記錄當時、當地之政治、經濟、文化、社會、環境及狀態的建築符號。

中區警署建築密碼

　　中區警署建築羣是英國殖民統治遺留下來最重要的文物遺產之一，多年前已被評為一級文物保育建築，但至今仍未能為該建築羣尋找到"再使用"的方向，問題起源是政府缺乏清晰的文物建築保育條例，把中區警署建築羣用一貫的行政手法計畫以招標方式轉付予民營，卻遭社會關注組織一致反對；其次是古物古蹟的定義含糊不清，也缺乏法定約束力。此外，中區警署的歷史資料不足，官方檔案多以英國語文撰寫，並且經常出現避重就輕、以偏蓋全，甚至文過飾非等內容來描寫、解釋或美化殖民政府的管治理念和政策，例如監獄和法院的建立是為香港"引入文明的司法制度等而設"等，先天性未能正確地反映香港的歷史。

港英避諱鴉片戰爭

任何事物的存在，必有其前後內外多種因素，建築物也一樣。從政治的意義來說，中區警署是殖民統治遺留下來最早期的建築羣，是《南京條約》訂定前便已部署的建築項目（英軍於 1841 年強行登陸佔領香港，在原居民的抗拒下，不可能完全沒有部署）。雖然殖民政府避諱鴉片戰爭 [107] 背後的原因（鴉片戰爭更摒除在香港教科書之列），但是，若由中區警署開始，沿歷史時間向前順藤摸瓜，便不難發現那些發動鴉片戰爭的導因，例如：中英通商於 18 世紀前（康雍年間）已有相當的發展，為甚麼中英商務糾紛卻到 19 世紀中葉才爆發？為甚麼一直以來對華商務代表的東印度公司卻突然在 1832 年英國國會改革後被解散，而直接委派商務監督代替而導致糾紛加劇？為甚麼 18 世紀初，英國已由君主的中央集權發展至國會內閣制 [108]，而在 1830 年代演變成為工商界制宰的政權？美國於 1787 年脫離英國殖民統治後，工商界利益受損和對華商務政策改變有沒有關係？這些發生在鴉片戰爭之前，香港之外，而又似乎和英國管治香港風馬牛不相及的事件，事實上與香港百多年殖民管治有着直接和間接關係的史實，對研究香港殖民管治文化都存在着極重要的因素。

殖民與非殖民待遇不同

在規劃和佈局方面，中區警署建築羣是由警署（總部大樓）、兵營（營房大樓）、裁判署（前中央裁判司署）和監獄等及其輔助設施合共 17 個不同大小、不同時間建設的建築物組成。按官方解釋，建築羣的佈局一方面是按清代縣官衙門規制，集司法行政、監獄於一體，另方面是引進西方刑事司法體系中維持治安、審判罪犯和依法懲處的法治安排。但是這兩解釋相互矛盾：首先，滿清政府是外族統治，它的司法制度是專制政權的管治方式，這和西方公民社會的司法制度有甚麼關連？而且，歷來外族統治都把轄內分為統治者和被統治者兩階層，在小數統治多數的情況下，很自然地產生兩個不同的現象，其一是把其他少數族類納入管治階層，因此，對他們也有不同的待遇。官方報告顯示建築羣內監獄是在殖民管治罪案激增而設，但平均每個外國犯人所佔面積比華囚大四五倍便是這個原因吧。其次，為甚麼在嚴密的保安範圍內還需要加設三條秘密通道穿插於建築羣之間？此外，中區警署建築羣和現立法會大樓、舊三軍司令官邸、現禮賓府、聖約翰教堂、天馬艦海軍基地，以至原上環街市的佈局在華洋分治 [109] 殖民管理上扮演甚麼角色等都是需要破解的密碼。

建築設計方面，官方資料強調現存的前中央裁判司署是希臘復興形式建築而總部大樓則屬後維多利亞建築風格。從建築史來看，英國從來就沒有民族風格的建築，英國建築史學者沙淮治（A. Service）指出英國建築設計多借學或抄襲歐洲各時期（如希臘、意大利等）甚至亞洲（如中國、印度等）設計風格和構件混合堆砌而成；所謂維多利亞風格，其實是指維多利亞女皇年代（1837 — 1901）的建築設計風氣而已。

設計安排耐人尋味

前中央裁判司署和總部大樓分別建成於 1914 和 1919 年，準確的說，它們應該是愛德華時期（1901 — 1914）的建築。兩者除了它們的結構秩序和一些裝飾和希臘建築構件相似外，其實也是混合各種不同建築構件、風格，被建築歷史學者概括為近世紀折衷主義的希臘－羅馬建築風格；建築特色如柱廊和原有的三角形山牆（pediment）的營房大樓卻沒有被提及（因加建而被拆除），可見官方對中區警署建築羣的設計考據也不夠。既然如此，那就不妨從這個角度去再發掘它們的建築密碼了。在維多利亞女皇統治期間，英國殖民政策在工商界制宰的議會下積極擴張（特別在亞洲地區），殖民地所搜刮到的利益迅速地把國家經濟推向高峰，國際地位如日中天，英國人民渴望國家能夠建立強國形象，希望建築師能夠創造代表國家民族風格外，也崇尚富麗堂皇，奢華氣派的建築設計。除了蘇格蘭地區（英格蘭的征服地）仍保持着一些沉實、穩重，重視秩序的希臘復興風格及宗教建築外，建築設計多趨向造型自由奔放而又大量使用華麗裝飾的巴洛克風格；中區警署建築羣的前裁判司署營房大樓均是這個時代的作品，那為甚麼還使用希臘復興時期的構件，是否強調香港是英格蘭的征服地，或是否與蘇格蘭的司法和執法制度有關？這些設計象徵對日後香港的司法制度發展有沒有影響？此外，為甚麼總部大樓只有向荷李活道臨街外牆部分採用石（仿石）造的設計，而餘下部分則全是風格截然不同的紅磚建築？為甚麼監獄 D 倉下層設計相當封閉，地面採用石塊磚砌的墓穴式穹窿頂，而上層光線則較為充足，水泥平整的地面和平頂天花？這些不合理的結構現象實在耐人尋味。為甚麼除了石建築構件由指定的承包商供應（沙田曾大屋的原主人亦因此而致富），其餘大部分建築用料和配件均是從英國引入，這是否和 1750 年代因外判發生的"毒麵包"事件有關？對習慣了被殖民管治的眾人有沒有反思作用？……相信留存下來仍有很多待發掘和需要破解的密碼。

仔細閱讀歷史密碼

百多年的殖民管治制度源於中區警署建築羣，建築羣的存在則源於鴉片戰爭後的戰略部署，而鴉片戰爭的導因卻是 19 世紀的英國議會制度的改革。英國議會自 17 世紀由最初的委任（貴族）至小圈子選舉（工商界）到近代的兩黨（工黨和保守黨）之爭的政治體制經歷了 300 多年，過程中所遭遇的各種社會矛盾，相信英國不會沒有經驗，卻為甚麼在主權回歸談判不得要領後，離去前在原行政體系內引入代議政制 [110]？若把這些密碼一同析解，知往悉今，相信可為未來特區的政制發展也帶來一點啟示。

這些都是造成今天香港特有的往日因素，存在極大的政治、歷史、經濟、社會意義。可是，目前可供對香港特區研究的資料不但相當缺乏，大部分官方留下來的多是粉飾政策的文獻，單靠這些資料去摸索這建築羣的未來再使用方向並不足夠。在這現實條件下，民間組織的研討會、工作坊只能根據有限甚至歪曲了的資料來介紹和聽取公民的意見，或作瞎子摸象式研究，或舉辦比賽來收集一些"天馬行空"式的浪漫設計方案。其實，執政者不必要為了某些政策（或是行政）理由，倉促地決定未來去向，而是應該盡快地、全面地再閱讀中區警署建築羣，重新尋找和破解它們遺留下來的歷史密碼，在再使用策劃中，盡量避免破壞這個不可替代的歷史文物的完整性，才能發揮它們的真正價值。

關鍵詞釋義　107.　**鴉片戰爭**：英國於 1840 年向中國強銷鴉片而引發的戰爭。戰後中英雙方簽署了中國的第一個不平等條約，導致割地賠款，香港也因而割讓給英國。（參看《南京條約》⁴⁶）

108.　**內閣制**：政治學用詞。指政府由行政首長和內閣成員組成，閣員雖由首長政治委任，但必須向全體人民負責的政治制度。

109.　**華洋分治**：香港於英國殖民管理年代，把中國人和外籍人士分成不同的階級，以不同的社會條件和法律制度來管治。

110.　**代議政制**：政治學用詞。指經由選舉產生議員來代替人民監察政府施政的政治制度。

保育之政經因素
——原地保育與覓地重建

　　自人類聚居始，政治經濟與生活文化、住居環境便相互緊靠，城市空間的變化和社會的發展過程更是息息相關；因此，古今中外沒有一個從未改變過的城市。以現今著名的歷史文化城市為例，法國的巴黎在18世紀工業革命後被重新規劃；中國首都北京經歷了朝代的變遷，留下的薊、燕、中都痕跡不多；近年的長江三峽水利工程經過數十年的研究，反覆辨證後也難免把大量歷史建築淹在水下；以保育歷史建築稱著的意大利水都威尼斯，也由於地理環境限制，政治和經濟功能（原是歐亞水上貿易樞紐）的改變，而被迫以歷史文物、建築文化為資源來促進旅遊經濟。可見城市發展、社區重建和文物建築保育關係密切。至於哪些建築應要在原地保育，哪些可以被拆除或重置，都必須要與本土政治理念、經濟條件相輔相承。現古物古蹟辦事處引用的《威尼斯約章》[111]、《巴拉約章》[112]、《中國文物古蹟保護準則》之文物建築保育標準，也因各地區的政治經濟條件不同而有別。因此，保育工作也必要先認識清楚其對社會的政治經濟意義。

　　"政"指政策（國父孫中山先生解釋為眾人之事），"治"是管治，政治就是如何以公平、公正和公義的政策原則分配及使用社會資源和機會來為眾人謀取最大福利（包括有形和無形的，可量化和不可量化的）的意思，也就是中國古代政治哲學"道洽政治，澤潤生民"[113]的道理。有政治學者指出現代社會往往把政治詮釋為個人或團體之間為了爭取權力勾心鬥角，為利益而妥協等行為，更有把政治和管治制度、選舉方法混淆，使這名詞失去了原來的真正意義。既然政治是以使用和分配社會資源來為眾人謀取最大福利為最終政策目的，自然便和經濟理念不可分割，那麼，文物保育就不可能不考慮政治和經濟因素。

原地保育與覓地重置的疑惑

政府與社會各關注團體在立法會討論皇后碼頭保育問題時，出現了一些發人深省而又影響深遠的現象。會議中，有主張碼頭可以拆離後原地重置，有強調原地保留。政府認為原地重置或是原地保育對該地的發展計畫都會造成障礙，建議保留部分建築結構或是覓地重置。討論不斷圍繞着技術、規劃的可行性及行政程序的困難。雖然各方都認同碼頭對香港歷史有重大的價值，對社會有深厚的意義，但奇怪的是，卻沒有任何一方從政治經濟角度去探討相同的問題。

香港是開放型經濟體[114]，在面對全球經濟化的同時，一方面要依賴內地的資源（人力、工農業和天然），另方面也要面對海外和境外經濟體的競爭。除了提升香港公民的知識水平外，更要不斷優化城市環境（包括文化環境），增加和改善社會的基礎建設，這樣就難免要利用大量的土地資源來配合需要。但由於資源缺乏，再加上現今社會對自然環境保育的關注，土地開發條件受到一定的限制，這樣，原地再用、市區重建、文物保育、社區文化、地區風格等之間的關係、比重和程度更加需要認真研究，找出平衡的因素，然後再以宏觀經濟的方向來策劃，以福利經濟的道理來平衡各種社會因素，以微觀經濟理念來進行，才可以為"眾人"謀取最大的福利。

以皇后碼頭為例，無論是原地保留、覓地重置或其他保育方式，都沒有不可行的技術、改不了的規劃或調整不了的行政程序。至於採用甚麼方法都應以它在歷史、文化、建築及社會各方面不同程度的價值來衡量，對香港的政治經濟意義的重要性來決定。討論只涉及工程技術的可行性及規劃行政上的問題，是否本末倒置？

關鍵詞釋義　111. 《威尼斯約章》：1964 年在意大利威尼斯舉辦的國際性會議，為探討保育威尼斯建築環境、都市風格、人文景觀等所訂立的保育準則和道德守則。

112. 《巴拉約章》：1979 年在南澳大利亞巴拉被澳大利亞國際古蹟遺址委員會所接納的一系列保育文化遺址和文化遺產準則。

113. **道洽政治**，澤潤生民：出自《尚書・畢命篇》。指政治最終目的就是為人民謀取幸福。

114. **開放型經濟體**：經濟學用詞。指區內的經濟狀況要依附於區外的經濟狀態。（參看成果互依關係 [51]、全球都市網絡 [41]）

建築思想的有與無
──碼頭真的不可以拆嗎？

　　建築思想是以哲學為基礎的，古希臘的哲學家很早便把世間事物分為有與無兩個形式存在。有指能夠看得到、聽得到、嗅得到、摸得着的物理現象；相反，無只能是從感覺上或是精神上存在的事理。同樣

備受爭議的皇后碼頭，背景為大會堂。〇

地，中國的哲學家也有"形而上者謂之道，形而下者謂之器"，"無名(形)，天地之始；有名(形)，萬物之母"的宇宙觀。道是無形存在的，是萬物之始；有是器，是有形之母；道家思想強調"道生一，一生二，二生三，三生萬物"，這說明，無形的道比有形的物更為重要。

文物建築保育之歷史價值包括：

(i)   建築物在歷史事件中的意義；

(ii) 與重要歷史人物的關係；

(iii) 對地區發展的重要性；

(iv) 建築物的年期長短；

(v)   罕有性和原整性。

社會價值的定義以建築物是否在區內有重要地理環境、象徵意義、文化認同、重大社會事件等為準則。建築價值指建築物的設計、功能、工藝技術及藝術表現都必須具創造性，對建築理念具啟發性或其外觀對鄰近環境有重要的美化作用。歷史和社會意義便是它的無形存在價值，而建築物只是它有形的價值元素。

碼頭真的不可以拆嗎？

古物古蹟辦事處舉辦的皇后碼頭評級公聽會上，與會者包括社會關注組織、專業、學術團體等，大部分參與者代表均以各種不同的理由要求評級委員把皇后碼頭列為一級歷史建築 [115]，例如：

(i)   皇后碼頭是英皇室人員到訪香港和多位港督到任的官式着陸點，是殖民歷史的痕跡，不應被刷掉；

(ii) 碼頭和大會堂及之間的愛丁堡廣場在規劃佈局上是三位一體，不可分割；

（iii）碼頭是公民喜愛的活動空間，具社會價值。

誠然，發言者的論點有一定的道理，觀點也應該值得政府關注。但是，也有計程車司機以香港要發展、文物保育昂貴、公民要賺錢維生等理由認為保留在陸地的碼頭不但妨礙地區發展，亦不適當，建議拆除。在港人治港的理念下，他的觀點相信也會代表人數不少之社會階層的聲音，不容忽視。整合不同的意見，就不妨借學國際普遍採用的文物保育之準則來重新分析和評估碼頭的歷史、建築、社會及文化的意義和價值，再從建築思想的領域來尋找一個幾全其美的保育方法。

殖民地象徵

發言者除指出碼頭曾是英國皇室人員訪港和港督到港履任的着陸處外，也指出愛丁堡廣場是進行歡迎儀式的地點，大會堂更是多任港督宣誓就任的地方，因此認為碼頭、廣場與大會堂是三位一體，具重大歷史意義，它們的位置關係不應被改變。建築師學會代表更引用前香港政府工務局建築處的大會堂主任建築師菲立斯（Ronald Philips）之言："大會堂的佈局是着意的把它和碼頭以軸線連結……大會堂的前庭（現愛丁堡廣場）是設計為舉辦儀式之用，同時也是讓公眾能夠享受海濱環境的休憩設施……大會堂前的空間（現停車場位置，應該是原愛丁堡廣場規劃的主體空間），原計畫是把它規劃為公民活動中心，但不幸地看到它結果成為一個失修的停車場。"可是，若從更深的道理來看，香港最重要的歷史事件不是皇室和英國重要政治人物訪港；港督就任儀式只是例行公事，百多年的殖民統治，到訪與就任只不過是主權的象徵和確立治權的合法性而已。這樣看來，三位一體只能部分地記錄着殖民歷史，並不能夠真正地反映它的價值。

從碼頭看港英管治理念

建築學上的軸線在規劃佈局上用來連結相關建築物（建築羣）和空間的相互關係，若碼頭與大會堂的軸線以橫向軸線朝天星碼頭方向伸延，再由天星碼頭以縱向軸線指向匯豐銀行，就不難從相關的建築和空間的佈局和規劃來理解殖民政府的管治理念了。例如：皇后碼頭、愛丁堡廣場、皇后像廣場、天馬艦海軍基

佈局在管治軸線最重要位置的香港匯豐銀行鳥瞰圖。兩側為中國銀行及渣打銀行；前左為最高法院（現立法局），前右為太子大廈（已拆除）。〇

地等是體現主權的象徵；天星碼頭、木球會所（現已部分改建為香港會所）代表華洋階段的分野；最高法院（現立法會大樓）是執行司法權的建築；匯豐銀行（在軸線最重要的位置上）是推動經濟政策的工具；原大會堂（最高法院和匯豐銀行之間，基於不明的理由，原址讓位給中國銀行）是策劃殖民地社會政策的地方；標誌着英國政府在殖民地實施重商政策的太子大廈（當年英商聚點，現建築物是在原址重建）等位置無不與管治軸線[116]關係密切。雖然大會堂已搬離原址，但它和皇后碼頭以及其他與殖民管治相關建築和空間仍產生直接和間接的相互關係。所以，碼頭的位置不但不應該改變，反之，更應要與軸線上其他相關的建築和空間一起保育。

香港公民在市區內的集體戶外活動空間不足是不爭的事實。正如到會的一些代表所說，碼頭和廣場是不少香港公民在鬧市中爭取短暫休閒的地方和自發組織各種社會活動的有限空間，姑勿論它是否地區象徵或能否構成社會重要的集體回憶，碼頭也有它一定的社會價值。事實上，這部分的發言所指其實可以理解為碼頭的地點和它周邊的活動環境而不是它的建築設計，更不是它的上蓋結構（相信無論上蓋是怎樣設計，活動也一樣在該空間進行）。若是如此，那麼怎樣保育它的歷史和相關的空間才是問題癥結所在。

有形無形價值準則各異

文物建築的國際保育準則也分為有形價值和無形價值，若把皇后碼頭以哲學理念分為有形和無形價值來衡量，皇后碼頭的主要保育意義應是它的地點和它的鄰近文化環境、活動空間，以及殖民政策上的規劃佈局，都較它存在的有形上蓋建築更為重要。社會團體強烈要求碼頭要在原地重置其實是說出了地點和環境的重要性。把碼頭乾脆拆掉，以建築和規劃手法把它的歷史、價值和活動環境在原地重新詮釋（不需要把碼頭搬離後又在原地重置），如能藉此增加和優化相關的公民活動空間，例如把現停車場拆除（大會堂主任建築師之言反映停車場剝奪了原來屬於公民的活動空間），把空間交回愛丁堡廣場，按原來計畫把它規劃為公民享用的公民中心則效果更加理想，相信必然令計程車司機滿意，受廣大公民歡迎。此外，若因任何理由，拆除的碼頭上蓋非要重置不可，也可以沿原來的軸線在未來的海旁安置，但需要在原地留下碼頭的印記，佈局要強調軸線效果，以免視線被正在規劃中的道路割斷，也是一個值得考慮的方法。規劃署提出的四個方案都沒有以建築思想為基礎，未能達到文物建築保育的目的，因此都不適當。

一位前輩建築師曾經說過："建築設計和規劃若缺乏哲學觀點是不能夠關門的。"

關鍵詞釋義

115. **一級歷史建築**：香港古物古蹟辦事處用語。指該等建築物含有重要的歷史、社會、建築價值，在再使用計畫中要盡量保留原狀。

116. **管治軸線**：建築學用詞。指不同功能建築物的互相關係；以軸線連結，反映政府管治理念的規劃手法。

歷史建築保育
——沒有碼頭的碼頭價更高

　　皇后碼頭已被評定為一級文物建築，立法會也通過了碼頭拆除（或搬離重置）的撥款，但坊間爭議並未平息，一些社會團體仍力爭把被拆除的碼頭在原地重置。雖然政府向立法會解釋了碼頭未能訂定為法定古蹟的原因，但報告中也承認碼頭有一定的歷史意義。那麼，碼頭究竟是拆除或是重置？若是重置，那應該是在原地或是在其他地方？若是拆除，碼頭的歷史意義又如何能夠保留？用公帑 5,000 萬港幣來搬離及重置是否恰當？此外，有沒有其他可以保留其歷史意義，不損其社會價值而又不需要重置的方法？這都是現今需要認真研究的問題。

皇碼未達一級文物標準

　　雖然歷史建築保育工作在港已進行多年，但目前的社會現象卻反映社會各界對這方面的認識並未成熟。不知道是政策原因，或是經驗不足，保育工作一直都是以單項建築來處理；港英政府管治年代如此，今天亦如是。由於未能擺脫單項處理的方式，保育工作亦只能圍繞着行政框架單獨進行；更由於缺乏整體保育觀念，籌劃者不但難以全面掌握歷史建築對社會的真正意義，更難於策劃它的再使用功能、發揮它應有的社會意義。這些存在的困難也是容易引起社會爭議的原因。以皇后碼頭為例，碼頭最重要的歷史意義不在其本身，更不應該是它的上蓋建築之歷史價值，而是它在象徵英國殖民地主權和治權的空間所扮演之角色，以及反映殖民政府管治理念在佈局上與其他在管治軸線上相關建築的功能關係。在軸線上，碼頭是起點，而處於軸線上最重要位置的匯豐銀行則是終點（公民社會大多把公共建築如政府大樓、公民中心等放在這個位置上），前最高法院（現立法會）和以往英商活動的太子大廈（現已改建）只能安置在次重要的位置，這說明該銀行在殖民管治理念的地位比司法、立法、商業行為甚至甚麼其他社會功能等都更為重要（難怪有傳言說英國委任港督也必先獲得該銀行默許）。

　　建築學語有建築是文化的載體之說，其實也可以說是文明實體；建築物是人創造出來的，也和人一樣有着軀體（外表）與靈魂（內涵）的雙重性。當然，漂亮的造型，獨特的風格，富創造力的思維，對提升人們生活環境素質都具啟發作用的外表，這樣，無論它的年期長久，也可以列為文物建築，具一定的保育價值。單從外表來看，皇后碼頭的上蓋設計顯然沒有具備上述的條件，它的外表不但難於符合文物建築的標準，嚴格來說，甚至是否應該評定為三級歷史建築也成疑，更遑論把它列為法定古蹟。古物古蹟委員會把它評定為一級，相信評級應該是給予它地點所蘊藏着的重要歷史和社會意義而不是它的外表。

妨礙發展乃不負責行為

明顯地，歷史建築的價值當以歷史意義為最重要的保育考慮元素，若把它搬離了原來的歷史地點便相等於軀體脫離了它的靈魂，它的歷史價值便會完全被抹掉，例如：把原在金鐘於殖民管治期間，按軍事策略地點部署的瑪利兵房（美利樓）遷往赤柱，它的歷史意義便沒有了，只剩下一個二手設計理念（從前宗主國借來）或是翻版的古典建築的軀殼，這例子不足以為法。因此，建築師學會強調碼頭要原地保育，這是主要的論點。文物建築不應該以它們的年期長短作保育準則，歷史建築也不應該是逢古必保的，它們的去與留、重置與保育都應該以它們的歷史意義、社會價值及對社區發展的貢獻為主要考慮因素，耗用公帑來保育就更加要考慮它們的社會效益（包括經濟效益）。城市大學舉辦的歷史建築保育研討會上，一位講者說得明白："保育不是目的，發展才是目的，為眾人創造良好和豐富的生活環境才是永遠的目的。"更有講者指出"歷史建築的保育意義不是為保育而保育的"，他認為"有意義的保育工作不但要保留歷史，更要加上活化歷史和超越歷史兩個理念"。意思是，歷史是不斷有前進的，今天將會是明天的歷史，所以保育過去的歷史應該要配合今天的社會條件和未來的社會需要。綜合上述所說，皇后碼頭的保育價值是在它的地點與殖民歷史的關係而不是它之上蓋的論點就更加明確了。因此，無論在其他地方或是原地重置都不是最適當的保育方案，以 5,000 萬公帑來進行重置工作也缺乏平衡社會效益的理據；若因理據不足而妨礙地區發展，導致經濟損失更是對社會不負責任的行為。既是這樣，乾脆把上蓋拆除，以象形、指事、會意、形聲、轉注、假借等文學理念，以比喻、象徵、聯想、即興或是寄意等藝術手法（無論古今中外，都有這些手法用於建築設計，例如中國古代的名著《文心雕龍》與及近年出版的《後現代建築語言》對這些理論均有解釋），把歷史意義忠實地重新詮釋，把過去歷史活化為現代歷史，這是比"重置"更有創意、更有效率和更有效益的保育方法。

沒必要斥巨資保護軀殼

若能把詮釋碼頭的理念以國際比賽方式邀請世界各地設計師（建築師、藝術家、園林設計師等）參與方案設計，則更可提升碼頭保育計畫的國際知名度，為特區增加有國際水平的旅遊資源，直接和間接都會為社會帶來經濟效益。其次，可令現社會對文物、歷史建築保育認識不足的現象帶來一點新的思維；也可以令公民更加認識特區以往的歷史、殖民政府的管治理念和目的，增加公民多一些對公共政策理解的能力，便會減少一些不必要的社會爭議，對日後特區政府施政和創造和諧社會環境也會帶來一點好處。這樣一個小小的項目，相信花不了 5,000 萬港幣，也妨礙不了目前的填海計畫。若政府和關注團體都能拋開目前雙方堅持的觀點，以更開放的態度去理解歷史建築對社會的意義，處理得宜，那麼，沒有碼頭的皇后碼頭便可以為特區帶來更高的社會效益，一舉幾得。把金錢和社會精力花在一個價值不高的軀殼上實在沒有必要。

對話五：會說話的建築

時間：1981 年下學期某天上午

地點：英屬哥倫比亞大學建築學院課室門口

事件：建築歷史下課後遇上教授

人物：Abraham, Roganik（意大利籍建築歷史教授）

我：教授，剛才聽完你講後現代建築演進過程，請問你對現時流行的所謂新古典建築形式（style）有甚麼看法？

Roganik：我沒有甚麼看法，你自己去想想吧。不過，我可以告訴你，建築不是時裝，不應該以 style 來形容它。其實 style 一詞在英文書籍出現，意大利人多喜歡用 character（風格）來表達建築的藝術創作意念。為甚麼，你自己要做些工夫吧。

我：那麼，我們要怎樣去認識歷史建築呢？

Roganik：怎樣都可以，每個人不同。建築和人一樣，都有個性的。要認識它們便要和它們溝通，先決條件是認識它們的語言才行。

我：嗯……是建築語言嗎？

Roganik：你找到它了。更準確點應說是建築上的歷史語言。

Roganik（補充）：不能和建築溝通的，不算是建築師。再見。

第四部分

新舊制度管治文化

主權回歸，自是百事待變；平穩過渡，當以舊理承傳。這無疑是新瓶舊酒相配，人力與天工爭持的局面。

説瓶酒，道香江

　　英人離港、主權回歸、一國兩制、港人治港，意味着香港進入政經改革。於是，"董陳配"[117]上馬，原班底留任，馬照跑、舞照跳，香港繼續穩定繁榮。伊始，萬象更新，祈望幼有所長、壯有所用、老有所終，明天會更好。於是，"八萬五"新政、母語教學、中藥港等一系列儒家思想和創新思維出籠。豈料，舊瓶難盛新酒，俗語説得好：old dog can't play new tricks（老狗學不會新把戲）；須臾，"陳"下堂求去。原來，舊瓶經英人臨行加固，分子已經扎根，遍及全身。接着，新酒酵素受制，金融風暴侵蝕，併發失業、負資產，更被禽流感、沙士肆虐——新酒變質，50萬人受"感染"。之後，新酒更為舊瓶詬病，體內相互排斥，雖已加入新舊混合趨化元素，無奈病已入膏肓，產生"議而不決，決而不行"病徵，因而引發背膝併發症。為避免細菌繼續擴散，於是乎，舊酒回瓶，一心以為風平便可以浪靜，亂世也可以苟安；可是，更深層次矛盾[118]、邊緣化和不進則退的問題卻相繼顯現。究竟，新酒舊瓶、舊酒舊瓶、新酒新瓶，或是其他搭配組合孰優孰劣？香港是否已經藥石無靈，讓人費煞思量。

由抗拒到甘之如飴

話説舊酒於 19 世紀偷步上市，配方由英國度身調製，以功利為酒引，原料亦由英國輸入，由 CEO 押運。抵港後，由英人設廠釀製，造瓶入樽，包裝行銷，倒也算是"洋酒"。但由於開始時本地人習慣不同，品味有異，不大受歡迎；於 1920 年代省港大罷飲後，為了改變香港人飲酒習慣，遂委任當地代表，導之以洋文化，誘之以利，動之以榮耀擔任分銷代理；並積極舉辦學堂，培育人才，建立造瓶和包裝及行銷制度，宣揚舊酒文化，以政治方法壟斷酒市。啜後，舊酒由抗拒、被迫，漸漸發展到被本地酒客習慣和接受，在內地風風雨雨期間，更甘之如飴。

自英人得知舊酒將要退出香港市場，便開始加緊改變釀酒方式、造瓶方法，同時也急於把原代理架構調整為"知少少做代表"制度。此外，更調整配方，加入泡沫元素，使酒味芬芳撲鼻，中人欲醉，酒客緬懷，目的是美化舊酒形象，保持英人市場，增加新酒進入困難。

香港不乏"釀酒"人才

本來嘛，香港也不乏釀酒人才，寓於民間和"翰林院"之間；可惜的是，這些人才大多在舊瓶制度下培育，飲洋酒成長，受洋文化熏陶，悟洋意，卻少諳"宗"事，偏師夷技或探牛角之旅，或只能立泛泛之言、乏義理之見、短宇宙之觀，因而境內現魏晉之風 [119]，呈南北之勢 [120]，隱五胡之象 [121]。因此，無論在用人唯"親"英之才、唯殖民之"法"的舊酒舊瓶或是新酒舊瓶的年代，都潛伏着"更深層次矛盾問題"的根源，出現"不進則退"的現象。

有論者認為"邊緣化"源於社會在各方面的爭拗過多，削弱了香港和內地城市競爭的效率和條件。表面上，這論點不無道理，但更要緊的是找出導致各種爭拗的源頭：如高房地產價格引發的高工資和高交易費用是否對經濟改革造成障礙？"八萬五"雖然苦口，但究竟對社會長遠發展是毒藥還是良藥？通才領導的文官制度和其相隨而來、先天性缺乏前瞻和創造力的被動式行政文化[122]是否有着邊緣化的因素？香港要避免更深層次矛盾問題惡化，消除邊緣化之虞，在於香港能否建立一個具前瞻和勇於創新的政府，成功關鍵應在於人事與制度能否相互配合。

爭拗也有積極作用

事實上，香港無論在民間或政府架構內（包括通才與專才）都不乏有魄力、學問、刻苦和適應力強的人才（缺乏工農業和天然資源，若沒有這些人才，香港未來還有甚麼？）目前社會的爭拗其實反映前管治制度、行政文化的缺點等在"新事"與"舊理"之間衍生出來的矛盾。所以，更深層次矛盾和邊緣化的問題都並非病在人事，而在制度。因此，新酒如何釀造，舊瓶怎樣修改，瓶與酒如何能夠在制度內相互配合，各盡所長，才是政府迫切正視的問題。

117. **董陳配**：香港回歸中國初期，董建華任行政長官，陳方安生任政務司司長；喻新舊相配。

118. **更深層次矛盾**：喻問題潛伏在事理深處，不易察覺；若不認真處理，待問題惡化，要補救則為時已晚。

119. **魏晉之風**：喻魏晉南北朝（公元 220 — 589）的社會風氣。

120. **南北之勢**：喻兩方對峙，水火不容的情況。

121. **五胡之象**：喻內部爭鬥而借用外來勢力，招致 "引狼入室" 的現象。

122. **被動式行政文化**（passive administration ethos）：公共行政學用詞。遇事才作出針對性反應的管治行為。（參看積極不干預政策 *124*、自由放任 *125*、行政主導 *127*）

應體諒公僕稍有差錯

　　"但願生兒愚且魯，無災無難到公卿"。一位近年退休高級公務員在一次公共行政的聚會上借用了北宋詩人蘇軾的兩句話，感慨地說出了現職公務員的困難。為甚麼公務員隊伍中出現這種心態？公務員原是從各行各業中，經過嚴格考核獵取而來的社會精英，當然不乏有理想、有能力，並且願意放棄社會上各種機會而以投身服務公民為終身事業的人才，為甚麼在殖民管治年代一直被認為是"行之有效"的公共服務模式，到回歸後，卻往往被詬病為"議而不決，決而不行"、"遇事慢三拍"的服務隊伍？古語云："物有本末，事有始終"，要尋找箇中原因，就必先要從政治環境及管治文化之轉變過程中去理解了。

回歸前是被動體制

　　以政治及公共行政學而言，殖民年代的管治文化是建基於一個被動模式的行政框架內，特點是用來執行宗主國在殖民地的政治和經濟政策而不需要負上政策上的責任；因此，公務員必須向宗主國效忠，所有公共政策制訂也必須配合宗主國的政策目的。只有在社會動盪的時刻，公務員才有主動的"危機處理"權力來穩定社會上的衝擊，以保障及維持宗主國的最終利益。

　　在這以"宗主國為本"的管治理念下，公共政策難免會受到宗主國的政策轉變而改變，因而難於制訂"以港人為本"、具前瞻性和長期的民生政策；也因此，社會政策制訂多是短期的、湊合式[123]或是頭痛醫頭，腳痛醫腳的被動模式（例如為了平伏1960年代動盪後的社會矛盾而制訂的十年建屋及居屋計畫，可算是港英政府管治年代最具前瞻力和最長期的社會政策，但執行上也因社會狀態恢復穩定後而放緩，因而導致輪候期平均長達七年）。雖然前財政司夏鼎基（1970年代）辯稱這是為香港特殊環境而量身訂做的積極不干預政策[124]理念，可是，一些社會學者卻指出這是當年政府在沒有影響殖民政權利益的事務上採取的自由放任[125]管治策略。但無論如何，在殖民年代的行政主導框架下，香港公民鮮有參與社會政策或是監督政府施政的權利；在缺乏民間聲音的社會環境，政策的制訂和執行自然容易行之有效了。

回歸後，雖說馬照跑舞照跳、五十年不變、一國兩制、港人治港，公務員不必再為宗主國的利益服務，社會需求自然可以相應增加。可惜的是，英人雖然離去，原來的被動式行政文化卻未帶走，再加上在離去前草草策劃的社會參與政策制訂和監督政府施政的會議制度，公務員在舊行政文化與新制度要求之間自然無可避免地產生各種矛盾。

上綱上線毫無益處

在港英管治年代，政府為了順利執行殖民政策，公共政策不但要在宗主國的政策方針範圍內制訂，並且要求公務員必須忠實地依照既定的標準程序來執行；這樣，無論公務員的職位高低，本領多大，也難有發揮創意的機會，更不可能有主動的權力來靈活處理一些程序以外的事項。回歸後，港人當家作主，理應是特區政府把原來的被動改變為較具創造性的主動式行政文化[126] 來設合新的政治經濟環境、新的社會需要。本來，在新的議會制度下，參政者（或有意參政者）紛紛以各種政治黨派、社會組織，或是甚麼政策關注組的名義，來代表公民監督政府施政，原可補以往殖民政策和舊行政文化的不足，但不知道是長期受殖民文化感染過深的原因，或是對政治（十多年的議會文化在政治史上只可以說仍在處於襁褓階段）和公共行政理念認識不足的緣故，除了部分參政者能夠以積極的態度來協助特區政府面對社會上的矛盾外，更多的是以攻擊政府政策、或以激烈的行動"出位"，或是爭取一些對公共行政只知表面、不明就裏（公共政策不是以個別利益來制訂而是以平衡社會體制利益為依歸，因而較為複雜，也較難理解）的選民支持，因而事無大小，上綱上線，尋根究底來追究政府責任。為此，公務員在職責上稍有紕漏，輕則喪失晉升機會，重則"人頭落地"（公務員戲語，指丟職），事業生命飽受威脅。公務員在這種政治環境中為了避免失誤，多做多錯，只有戰戰兢兢的按原有執行程序辦事；為了減低個人壓力，遇事集體決定，處事"不求有功，但求無過"，就算不奢求"無災無難到公卿"，也希望"無驚無險到退休"。

出錯也有積極意義

　　雖然近年特區政府已很積極地改善原來的行政文化，可是，冰封三尺，非一日之寒，古語也有云："久病之人，不可以強藥；久旱之苗，亦不可以浸澆"。要把原來殖民地奉行多年的被動式行政文化轉變為有主動能力、具前瞻性、靈活而有創造力、能適應時刻環境轉變的行政文化體系，仍有一段相當長的距離；要漸進地、平穩地改變，也需要一段較長的時間。以目前的社會狀態而言，要縮短這段時間，最直接和有效的方法是鼓勵公務員主動嘗試、大膽創新。可是，任何有前瞻性和創造性的計畫，怎樣周詳都難免有不可預見的出錯機會。事實上，出錯也有積極意義的，它帶來經驗和閱歷，兩者是構成進步的條件，所謂"一事出錯，百事得益"。指出公務員的過失當然對政府施政有督促作用，尋根究底地找出錯誤原因也是理所當然；但事事挑剔、吹毛求疵、矯枉過正，動輒追究責任則不會為社會帶來新的動力。香港是一個容易受到外界環境感染的政治經濟體，更是需要以靈活和創意來面對外來威脅的時候；但是成功的關鍵是要由容許公務員"可出對社會有積極意義的錯"開始。

123. **湊合式**（ad hoc）：為單獨事件或既定目標而組合的。

124. **積極不干預政策**（positive non-interventionist policy）：公共行政學用詞。指在穩定的政治經濟情況下，社會行為按客觀條件、自然規律自我完善；在出現不穩定情況下，政府則會參與調整。（參看經濟自由和政治自由[1]、自由競爭市場[3]、微觀經濟[4]、公共經濟[48]）

125. **自由放任**（laissez-faire）：公共行政學用詞。指政府不參與、不干預社會行為，也不負上任何責任。（參看市場失靈[10]）

126. **主動式行政文化**（proactive administration ethos）：與被動式行政文化相反。指具前瞻性的、能防患於未然的管治行為。

強政須重政策三層次

　　回歸後的香港，殖民地轉變為特別行政區，行政、立法兩局也換名為行政、立法兩會。從現代政治行政體制的定義來說，政府是指地方行政首長（或稱"總統"、"總理"等）和他委任的內閣（cabinet）成員，是地方行政的最高的權力機構；"會"，無論是國會或是甚麼形式的議會，都是由社會選拔出來代表地方監察政府施政和審議政策制訂的組織。

三層次中有三理念

　　有別於這種體制，殖民年代的香港，政府是指由宗主國委派的行政首長（港督）；在行政主導 [127] 下，兩局成員不是由政府官員擔任（官守議員）便是由首長直接委任（非官守議員）。因此，行政、立法工作均在政府掌控之下，所有地方政策設計和制訂自然容易和宗主國的殖民政策的目標一致了。自港人治港，"局"改為"會"後，不應只是名稱上的改變，更應是管治理念上的轉變。所以，今天的行政主導和昔日的行政主導自然不可以相提並論，往日社會政策制訂模式應用在今天的社會也就有檢討的必要了。

　　從社會科學的角度來說，所有公共政策制訂都必然包含政治與社會、發展與經濟、以及具體策劃和執行等三個層次。

政治與社會：政治一詞，原指在公平、公正和公義的原則下，有效率地管理和分配社會資源和機會的意思。簡單地説，也就是管理眾人之事的學問。對外，替眾人處理本地區與國外交往（外交）的一切事務；對內，是和國內地區發展緊密的（內交）關係；更為本區"眾人"創造理想的生活條件，人與人之間、個人與社會之間的和諧秩序。因此，公共政策制訂必須顧及地區的歷史、經濟、文化、風俗習慣，眾人身份[128]和價值觀等有形和無形、可量化和不可量化的社會元素。由於社會會受時間、境內外不同情況的轉

與原街道肌理不相稱的朗豪坊。↻

變因素影響，除了要照顧眾人現在的需要外，還要為社會各種有形和無形價值的元素未來的持續發展而造好基礎的工作。第二政策層次是訂定各政策項目，例如：市區重建、歷史建築保育、城市規劃、都市設計、土地使用，以及一切為眾人爭取最大福利 *129* 有關的大小社會項目等之目的和方向。

認真研究才定方向

第三層次的工作便是在管治的制度框架內，按照第一和第二政策層次所訂定的政策方向下，分配各政府部門的角色，從專業和技術的角度具體地策劃各社會項目實際可行的方法。此外，在任何層次中制訂社會政策也應該考慮 "為甚麼、是甚麼和怎樣做" 三個理念。三個政策層次和三個理念相互交錯，綜合成為一個整體的政策方略。以歷史建築保育為例，第一層次先要考慮：為甚麼要保育它們？社會目的何在？其次是保育些甚麼？是它們的歷史、建築、或是其他的社會元素？這些元素對 "眾人" 的現在和社會發展有甚麼影響，會不會妨礙都市的新陳代謝 *130* 進程，或是對社會未來有甚麼積極意義？第三層次是保育的具體工作由誰來承擔，是政府或是眾人？它們的有形和無形價值要怎樣保育才能夠為眾人謀取最大的福利，達到最大的社會效益 *131* 等。

在殖民管治的年代，第一和二層次政策都不是以區內 "眾人之事" 的福利而是以宗主國的利益為最終的政策目標。因此，"為甚麼" 自然是以服從宗主國的政策方向為依歸；在昔日 "被動式行政文化" 的影響下，

"是甚麼"也就沒有投入足夠資源作認真的研究。由於殖民政府缺乏為"眾人"謀取福利的長遠整體政策方略,第三層次的工作就算由區內政府來策劃,也往往不是研究不足,就只能是借學外來經驗(大多以宗主國為主,英聯邦地區或是鄰近地區如日本、新加坡等為次),這便是當日"行政主導"下的政策特色了。

轉弱為強方能施政

回歸後,雖說政治制度五十年不變,可是會議制度產生急劇變化,"眾人"要求亦隨之而增加。可是,由於歷史原因,或是原來的管治文化基因未除,特區政府在第一、二政策層次制訂難於在短期內達到"眾人"所期待的水平;在政策方向不清的情況下,第三層次只能是蕭規曹循,在"眾人"的壓力下,就容易顯得進退失據了。

現今的情況是三層次和三理念都研究不足,因而歷史建築保育便出現"逢古必保"(如薄扶林大宅、景賢里)的現象,全球經驗(中區警署)、原地保留或是覓地重置(皇后碼頭)、浪漫鐘聲與集體回憶[132](天星碼頭)等事件;政府對活化、再使用、翻新、美化、保舊如新、保舊如舊等理念更是模糊不清,引致各種爭議,並非無因。市區重建方面,主政者昔日把一些具歷史、建築和社會價值之建築物拆除,改建為與地區風格和都市肌理都不相稱的商用建築(朗豪坊),今天又計畫投入大量公帑收購和保育鄰近一些無論在建築和社會價值都相距甚遠的同類型建築,便是進退失據的例證。舉一反三,其他公共政策也往往出現類

148

似的問題。政策制訂的三個層次都是跨學術、跨專業，涉及歷史、政治、經濟、社會、文化等各種地區元素，不能單靠借學外來的經驗；委任的某些學術單位，也只能有局限性的作瞎子摸象式的研究；況且，差之毫釐，結果卻可以謬以千里。若是以擺平、妥協的行政手段來處理，也只能暫時平息某些爭議，未必能夠為大部分"眾人"所認同，或是長遠地為他們謀取最大福利的方法。

　　政治是哲學、科學與文化的混合體，是綜合眾人社會認同、信仰和價值觀經長時期孕育出來的管治之道。因而，思想上的轉變也需要相當長的時間。回歸

計畫收購保育與朗豪坊鄰近的戰前樓宇。◑

十餘年的轉變在政治史上只是十分短暫的歲月，再加上客觀的歷史因素，政策上有不足，自然是無可避免的事。為長遠計，特區政府必須深化所有政策第一、二層次的研究質量，才能把"被動"轉變為"主動"，把"弱勢"轉化為"強勢"，行政主導才能恢復昔日的風采。近年成立的發展局正好用來填補了第二層次的空間，至於第一層次，自然是特首、行政會議及中央政策局的工作了。

關鍵詞釋義　127　**行政主導**：指地方權力高度集中於地區首長的政治制度。（參看古典組織理論 [38]）

128　**眾人身份**（social identity）：社會身份詞，心理學及社會學用詞。含意相當廣泛，指個人的一些基本元素或特徵，例如：血統、文化、語言、生活習慣、信仰等與某社會或某族羣有共通關係。

129　**最大福利**（social welfare function）：亦稱最大社會福利。指社會上個人與集體福利的總和都達至最佳效果。（參看社會效益 [131]、福利經濟 [22]、巴里圖效率 [23]）

130　**新陳代謝**（metabolism）喻都市是人創造出來的。與人體同樣是有機體，須按成長需要不斷調整、修復，去舊迎新，才可以持續發展。（參看有機成長 [21]、有機秩序 [55]、自然選擇 [68]）

131　**社會效益**：社會各方得益的總和而增加而沒有任何一方的利益減少。（參看福利經濟 [22]）

132　**集體回憶**：心理學、社會學用詞。指兩人以上對記憶過去的事物比一人更準確。

文官制度之專才與通才

　　文官可分為通才和專才兩種理念。通才指在人才選拔中，注重選拔對象的教育程度、文學語言素養、綜合推理和處事能力；專才側重選拔對象的專業技能實用性。通才有利於制訂和執行政策時協調各不同的政府部門，但缺點是專業性不高，創造力較低，因循和保守。專才可以減少這些缺點，積極性也較高，壞處是容易引發各政策部門爭取和保護自己專業領域，因而各自為政，協調困難。因此，理想的文官制度是按地區的政治經濟理念、需要和條件，在體制內界定和平衡專才與通才職責和權利的藝術。

　　文官制度也包含政務官和事務官兩個範疇，兩者任用的資格、職務和職責亦各有不同。政務官主要職責是制訂政策，任用資格沒有限制，但需要與長官共同進退，例如內閣改組、政黨輪替或其制訂的政策失敗都要辭職。事務官的職責是執行政策，任用需要經過考試評核，除了違法、失職、怠職等經法定程序處分外，不會無故免職或被迫辭職。政務官與事務官需要緊密配合才能發揮功能，若互相掣肘，則制度會成為政府推行政策的絆腳石。

香港的文官制度

港英政府的文官制度和上述的範式不同，它是為執行殖民政策"量身訂做"的體制，殖民地的政策方向和目的都是由宗主國制訂。高級政務官（其實是行政官）不是由宗主國遣派，便是由他委任，直接向宗主國負責，地方政策均須以忠實地服從宗主國的政策方向和目的為依歸。其次，政務官只要執行上級的政策，不需要負成敗的責任，也不需要隨主政者（港督）進退。再者，政務和事務並沒有清楚的界定，雖然各政府部門多以專才擔任事務官，卻多以政務官來領導。

新理念一專多才

在這通才獨大的體制下，自然限制了專才發揮的機會，只能在事務範圍內，按標準程序執行由上而下的政策。例如西九龍文娛藝術發展區（西九）的單一招標、三選一加上分拆競投，在專業範疇，其實是總承包加上指定分包 [133] 而已，與單一招標各隱藏着不同的複雜性和矛盾，相信建築署的專才不會不認識這些顯而易見的專業問題，但在通才的領導下，卻增加了社會不必要的爭議。

百多年的殖民統治期間，香港的文官體制只執行宗主國政策，自然是行之有效的忠實機器。香港特區政府為了順利過渡，沿用了前文官體制，這樣，特區的政治經濟政策改革若未能成功磨合這舊事和新理，自然容易產生社會矛盾，這不單是西九的問題，實際是反映整個文官體制存在着的問題，也是日後要順利制訂、推行以民為本的政策問題。現代的新公共行

政 [134] 理念多趨向一專多才，如何改善目前的文官體制，香港特區政府是否可以單靠強政勵治而不考慮這時代的步伐呢？

133. **指定分包**（nominated sub. contract）：建築行業俚語。在外判項目中，其中部分由發判人指定，由其他分包合約人直接承擔，總承包人有監理分包合約人的責任，並可向發判人收取監理費用。

134. **新公共行政**（new public administration）：為了縮小政府行政架構，提高效率，和增加靈活性，把公共服務交由市場來執行的公共行政理念。（參看小政府大市場 [67]）

文化是甚麼？

　　廣義來説，文化學者都同意：文化是人類社會在歷史上由野蠻到文明所創造的科學、藝術、宗教、道德、法律，以至風俗、習慣等等的綜合體，聯合國教育科學暨文化組織（UNESCO）更認為，在上述的範疇內包括個人以至社會所認同的精神、物質、理性和情感的特徵與價值觀。

　　學者指出：文化的認同和價值觀都因不同地區的政治、經濟、科技、藝術等的發展進程有異、生活方式不同而主觀地認為某一種文化比另一種文化更有價值。此外，文化也被用來作為政治的工具，例如殖民地的主權國更往往在她的屬地培植不同的文化，改變被統治者的價值觀來駕馭她的屬土公民。據歷史記載，早在數千年前，古羅馬帝國已懂得利用"麵包和娛樂文化"——在征服地免費派發麵包和大量興建浴室、歌劇院、競技場等來改變被征服地區人民的文化價值觀。

　　狹義方面，文化是指娛樂藝術。在以往的八大藝術（繪畫、雕塑、建築、音樂、文學、舞蹈、戲劇、電影）中，建築不但包含着其他七大藝術的元素（例如：造型、構圖、節奏、韻律、音色、形象、會意、轉接、假借，以至起、承、轉、合，空間動態……等），並且更能忠實地、全面地反映人類的文化演進過程中對政治、經濟、科技、藝術、生活方式等各方面的價值觀。

香港的文化政策

　　前民政事務局局長何志平曾在立法會西九龍文娛藝術發展區（西九）小組委員會答覆議員政府有沒有文化政策時被戲謔為"講佛偈"。議員的提問相當空泛，究竟所指的政策是香港的文化或是西九地塊上未來建設的藝術娛樂設施，問題既語義不清，被問者自然難於回答。事實上，無論議員所指為何，都是一個相當廣泛而又複雜的題目，況且兩者雖然範疇有別，但之間的關係又相互緊靠。究竟，文化是甚麼？香港文化又是甚麼？文化政策的最終社會目的是甚麼？怎樣的文化政策才能為香港帶來最大的社會效益？西九在政策內又應該扮演甚麼角色？

香港的文化特色

　　在香港，百多年來的殖民管治不但改變不了以禮事人、以道格物的中華文化傳統，反而帶來了接觸海外事理的機緣，擴闊了香港的文化空間。這期間，香港中外文化兼收，傳統與現代並蓄，不但孕育了靈活、包容、富創造力等無形的文化特性，豐富了有形的文化風貌，也創造了多元文化和諧並存的生活空間。

　　近代文化學者一致認為文化已成為現代城市的旅遊資源，提升城市競爭力（在全球經濟一體化下的市區網絡競爭能力）不可或缺的資產；因此，香港要成為國際文化大都會，文化政策的制訂應要珍惜、保育和精緻香港現有的文化特色，並要通過教育來增強它們的持續能力。

建築是文化載體

一直以來建築都被認為是人類文化載體[135]，而這些糅合着傳統的禮、道，涵蓋着古典與現代中西文化之長的載體卻遍佈全港各地，記錄着香港各地區演變的過程和特色。如果把它們以都市設計（和城市規劃[136]不同，都市設計的主要理念是塑造地區風貌、保育文化景觀、改善生活空間，以至促進地區經濟活動能力）的手法重新組織起來，自然可以把不同的區域塑造成為多個不同文化風貌的流動博物館。

要談香港文娛藝術政策就不應該只着重西九地塊上有多少個劇院、博物館（試想，是不是沒有西九便不能有完善的文化政策），而是要從整個文化層面去考慮：首先要珍惜和保育現有的文化資產，然後再在原基礎上因應未來的需要來創造新的元素，西九規劃應該只是其中一個環節而矣。全面制訂文化政策有賴於民間的文娛、藝術組織、專業團體和政府各相關部門之間精誠合作。

改善前殖民管治制度

從目前的情況來看，雖然民間熱心人士不少，可是政府部門在這方面不是先天不足，便是後天失調。例如：規劃署缺乏都市設計觀念；地政署於土地使用的政策上只能擔任土地行政的角色，執行高地價政策的工具；市區重建局的資源和權力都不足，四大政策（市區更新、樓宇復修、文物保育、活化舊區）推行舉步維艱；民政事務局及其從屬部門創造力不夠，主動空間有限，以西九為例，原可以在發展策略上扮演更重要的角色，但實際上只能依循由上而下既定的政策方針辦事……再加上部門權力領域，文官體制內之專才與通才在職權、利益和心態都存在着矛盾。

因此，民間與官方、眾人與政府各部門之間的合作都障礙重重，在這社會現實去制訂全面的文化政策，談何容易。這不是特區政府產生的問題，事實上是前殖民管治文化沿襲下來的行政制度上一些亟需改善的問題，議員的提問只是帶出了制度的缺點。所以，倉卒間要何局長回答，亦只能以"佛偈"應對罷了。

135. **文化載體**（cultural manifestation）：亦稱文化硬件，建築學俚語。指建築學含歷史、政治、經濟、社會科學、技術、文學藝術，以及一切與人類立足於大自然的學問。建築物是反映人類文明與文化的綜合體。（參看文化遺產 [104]）

136. **城市規劃**：自古以來，城市可以分為以人的主觀規劃或是隨客觀條件有機地成長。現代城市多是以經濟因素配合功利理念來主導規劃。（參看有機秩序 [55]、規劃秩序 [56]）

對話六：看不見的建築

時間：1982 年暑假某天下午
地點：廣州市華南理工學院龍教授家
事件：拜訪
人物：龍非了教授（又名龍慶忠）

龍：上次我拒絕見你，因為我覺得你們這些讀洋書的，不可能會認識到中國歷史建築。昨天聽金振聲教授說你是在香港成長的，對中國歷史有一定認識，而且很有誠意，才同意見你。不過，我年紀大了，精神有限，只能給你 30 分鐘，你有甚麼問題？

我：我想知道怎樣看中國歷史建築？

龍：這正是我原本不想見你的原因，因為我恐怕你們這些念洋書的只知道看建築物的表面，而不懂看建築物的背面。

我：甚麼是表面？甚麼是背面？

龍：表面是指看得到的，背面是指看不到的。

我：甚麼是看不到的？

龍：建築物是實體，思維是虛體；建築物是經過人的思維創造出來的。要認識人做的東西，便先要明白當時、當地人的腦袋，才可知道他們為甚麼、做甚麼和怎樣做出來。

我：喔？這大概和當時、當地的政治、經濟、文化、生

活習慣有關吧。這和研究西方歷史建築大約有相同
之處呢。

龍：對。

我：中國歷史源遠流長，如何看這幾千年的歷史文化？

龍（見我似有所悟，提高聲線）：説易不易，説難不難；
和西方不同，中國的歷史文化大概可以説是一元性。
由古至今，中國的政治、經濟、文學、藝術、生活方
式等無不受一些思想家的影響。

我：中國歷史有那麼多思想家，那麼，應該認識哪些？
又應該由甚麼時代開始？

龍：中國最早和較有規模的政治行政體系，應該是在周
代，你可以由認識周禮開始吧。至於歷史上所謂的
諸子百家，其實對中華文化演進影響最深的，大概
是儒家學説和道家思想，也可以由這些哲學觀開始。

我：那麼，是不是包括受它們影響的文學和藝術呢？

龍：對。當然還有其他，不過開始時不用顧及太多，日
後你自然會知道哪些要補充的了。

我：這些書籍在哪裏可以買得到，新華書局有沒有。

龍：目前在國內不易找，建議你到香港、台灣去；你學
校有沒有東方圖書館，若有，也不妨試試。

談話畢，看看時間，原來已花了兩個多小時了。

後記
一個故事

　　話説：某年某月某日，一羣建築學院的新生被幾位老師誘帶到一塊東面靠森林、北面瀕海、西面是石山的不知名地方，身上只容許帶着七天食物。同學們有男有女，來自五湖四海，各行各業，互不相識。

　　到達後，老師指着南方説："這是往天堂與地獄之通道。在這裏，每個同學都是自由、平等，有同樣的權利，可以事事作主。你們要在這裏逗留七天，用六天時間去建設一個長期居住的安樂窩，第七天你們會被審判。能夠證明在此生活愉快者，將被送到天堂；否則，會被送到地獄去。"語畢，老師們頭上發出光芒，隱身而去。

　　同學們面面相覷，一片無奈，唯有先盤算如何安身。不久，天色轉暗，同學們四處找乾葉枯枝，緊靠一起，生火取暖。夜風凜凜，蟲聲唧唧，遠處獸聲嘽嘽，幸好，安全度過了第一個晚上。

　　第二天，天氣晴朗，風光如畫，但同學們無心欣賞，忙着到處找尋安居之處。問題來了：地塊該如何分配？有認為既是自由、平等，權利相同，主張平均分配。可是，誰來分配？誰依山、誰傍水、誰靠邊、誰在中？有建議先到先得，但立即遭到一些女同學反對，認為 lady first，應由她們先揀；男同學卻認為這樣違反了平等原則，也未解決誰在哪裏的問題。跟着，七嘴八舌，擾攘整天，不得要領。

第三天，一位曾做社會工作的同學到地塊中央，高聲說："我們要好好地在這裏生活，必須羣策羣力，互相依靠，互助互補；不要事事只衡量自己利益，應以大眾效益為重。若這樣爭持下去，便百事不成了。"一位前公務員和議："對，為了公平、公正和提高效率，我們要有一套標準辦事程序。"話未完，一位曾從事法律工作的同學打岔："程序是需要的，但必須以規則為依據，執行上也須依規辦事。"語畢，同學們哄動起來。平靜後，一位同學站起來說："誰來訂定規則、確定標準？遇事誰來評理？誰又負責執行呢？我老家的村長多由熟識規則的人來擔任，事事強調規則精神；可是，依規有據，於理不合的情況正多着呢。多年來積習難改，為免重蹈覆轍，我建議規則由集體決定，負責評理和執行的都不應該參與。"有贊成，亦有反對，也有其他意見的；但一致同意先把所有意見記錄在石塊上，待明天再議；並把地塊中央暫定為議事地點。

第四天，清早，同學們不約而至。一位先到的說："我們至此一事無成，剩下來的食物已不多了，應盡快把規則定下來。"另一位說："我們先要定下一個議事章程，一個議事長，以及評理和執行的人選，才可以避免議而不能決，決而不知怎行。"一時間，場內默然。誰來當議事長？誰來負責評理和執行？究竟這是關乎天堂與地獄的大事，同學之間也認識不深，誰都沒有意見。這樣的氣氛凝固了大半天，正在遲疑不決之際，忽然，一聲雷響，跟着，一個聲音從東方傳來：“你們既然嚮往自由、平等，為何責任、義務和機會分配就不一樣？以為言之有理，便自以為是，只會把你們送到地獄去。”

第五天，經上日“天音”點撥後，同學們精神奕奕，興致勃勃地重回議事地點。今天，議事章程不理了，標準程序不管了，評理和執行的人選也不談了。轉瞬間，一致決定：議事長由全體同學擔任，每人一天，周而復始；成立評理和執行理事會，人數不超過五人，任期五天，全體同學輪流更替；個人及大眾事務均可按需要每天調整。

第六天，同學們開始工作，有砍木挖土的、有捕漁狩獵的、有打石造磚的；一瞬間，如有神助地，各同學的安樂窩都有了，娛樂、休憩、會議等設施也完成了。晚上，還有時間開慶祝會呢！

審判天，老師們忽然出現，每個同學都要單獨地把一天的起居、飲食、工作、娛樂、交際等過程，詳細向他們報告，然後接受判決。

審判結果，全部同學都被送上天堂，只有說故事者被遣往煉獄，待把這故事告諸於世後，才可得到永生。

商務印書館 📖 讀者回饋咭

　　請詳細填寫下列各項資料，傳真至2565 1113，以便寄上本館門市優惠券，憑券前往商務印書館本港各大門市購書，可獲折扣優惠。

所購本館出版之書籍：＿＿＿＿＿＿＿＿＿＿＿＿＿＿＿＿＿＿＿＿＿＿＿＿＿

購書地點：＿＿＿＿＿＿＿＿＿＿＿＿＿＿　姓名：＿＿＿＿＿＿＿＿＿＿＿＿＿

通訊地址：＿＿＿＿＿＿＿＿＿＿＿＿＿＿＿＿＿＿＿＿＿＿＿＿＿＿＿＿＿＿＿

電話：＿＿＿＿＿＿＿＿＿＿＿＿＿＿＿　傳真：＿＿＿＿＿＿＿＿＿＿＿＿＿＿

電郵：＿＿＿＿＿＿＿＿＿＿＿＿＿＿＿＿＿＿＿＿＿＿＿＿＿＿＿＿＿＿＿＿＿

您是否想透過電郵或傳真收到商務新書資訊？　1□是　2□否

性別：1□男　2□女

出生年份：＿＿＿＿＿年

學歷：1□小學或以下　2□中學　3□預科　4□大專　5□研究院

每月家庭總收入：1□HK$6,000以下　2□HK$6,000-9,999
　　　　　　　　3□HK$10,000-14,999　4□HK$15,000-24,999
　　　　　　　　5□HK$25,000-34,999　6□HK$35,000或以上

子女人數（只適用於有子女人士）　1□1-2個　2□3-4個　3□5個以上

子女年齡（可多於一個選擇）　1□12歲以下　2□12-17歲　3□18歲以上

職業：1□僱主　2□經理級　3□專業人士　4□白領　5□藍領　6□教師　7□學生
　　　8□主婦　9□其他

最多前往的書店：＿＿＿＿＿＿＿＿＿＿＿＿＿＿＿＿＿＿＿＿＿＿＿＿＿＿＿＿

每月往書店次數：1□1次或以下　2□2-4次　3□5-7次　4□8次或以上

每月購書量：1□1本或以下　2□2-4本　3□5-7本　2□8本或以上

每月購書消費：1□HK$50以下　2□HK$50-199　3□HK$200-499　4□HK$500-999
　　　　　　　5□HK$1,000或以上

您從哪裏得知本書：1□書店　2□報章或雜誌廣告　3□電台　4□電視　5□書評/書介
　　　6□親友介紹　7□商務文化網站　8□其他(請註明：＿＿＿＿＿＿＿＿＿＿)

您對本書內容的意見：＿＿＿＿＿＿＿＿＿＿＿＿＿＿＿＿＿＿＿＿＿＿＿＿＿＿
＿＿＿＿＿＿＿＿＿＿＿＿＿＿＿＿＿＿＿＿＿＿＿＿＿＿＿＿＿＿＿＿＿＿＿＿

您有否進行過網上購書？　1□有　2□否

您有否瀏覽過商務出版網(網址：http://www.commercialpress.com.hk)？1□有　2□否

您希望本公司能加強出版的書籍：1□辭書　2□外語書籍　3□文學/語言　4□歷史文化
　　　5□自然科學　6□社會科學　7□醫學衛生　8□財經書籍　9□管理書籍
　　　10□兒童書籍　11□流行書　12□其他(請註明：＿＿＿＿＿＿＿＿＿＿＿)

根據個人資料「私隱」條例，讀者有權查閱及更改其個人資料。讀者如須查閱或更改其個人資料，請來函本館，信封上請註明「讀者回饋咭-更改個人資料」

香港筲箕灣
耀興道3號
東滙廣場8樓
商務印書館（香港）有限公司
顧客服務部收